© Buzz Editora, 2020

Publisher ANDERSON CAVALCANTE
Editora SIMONE PAULINO
Editora assistente LUISA TIEPPO
Projeto gráfico ESTÚDIO GRIFO
Assistente de design NATHALIA NAVARRO
Preparação LIVIA BUELONI
Revisão VANESSA ALMEIDA, TAMIRES CIANCI

---

Dados Internacionais de Catalogação na Publicação (CIP)
de acordo com ISBD

---

M514a
    Meirelles, Patricia
    *A arte da conexão* / Patricia Meirelles
    São Paulo: Buzz, 2020
    144 pp.

    ISBN 978-65-80435-26-5

1. Autoajuda. 2. Mercado de trabalho.
3. Conexão. I. Título.

|  | CDD 158.1 |
|---|---|
| 2019-1523 | CDU 159.947 |

Elaborado por Odilio Hilario Moreira Junior CRB-8/9949

Índice para catálogo sistemático:
1. Autoajuda 158.1 / 2. Autoajuda 159.947

Buzz Editora
Av. Paulista, 726 – mezanino
CEP: 01310-100 São Paulo, SP

[55 11] 4171 2317
[55 11] 4171 2318
contato@buzzeditora.com.br
www.buzzeditora.com.br

# A ARTE DA CONEXÃO

Aumente seu networking e crie vínculos verdadeiros

## PATRICIA MEIRELLES

# PREFÁCIO
## Viviane Senna

Em nenhum momento da história estivemos tão conectados.

A revolução científica e tecnológica pela qual passamos nos últimos dois séculos, especialmente no campo das TICs, rompeu as barreiras e isolamentos, aproximou distâncias e nos tornou uma comunidade global em uma intensidade sem precedentes na história humana.

A profusão de meios de informação e comunicação se multiplicou exponencialmente: Facebook, Instagram, WhatsApp, Twitter, telefonia, rádio, TV, AI, internet de pessoas e até das coisas... Tudo nos aproxima e conecta. É o século da conexão.

No entanto, nunca as pessoas se sentiram tão sozinhas. Os níveis de sentimento de solidão e de depressão têm subido assustadoramente e paradoxalmente aos níveis de "conexão" crescentes. A solidão já é chamada de mal do século, e a depressão é sua irmã siamesa. Mesmo com todas as selfies nas redes sociais, ninguém consegue evitar esses sentimentos, que afloram num pedido de socorro e alarmam que algo anda errado, bem errado.

O problema é que essa exponencial conexão exterior vem sendo acompanhada de uma igualmente exponencial desconexão interior, anulando os potenciais benefícios que a primeira naturalmente promoveria em termos de saúde mental e felicidade.

De fato, o ser humano como espécie é por natureza gregário e se beneficia da conexão com o outro, tanto em termos psíquicos quanto físicos.

Estudo longitudinais mostram que pessoas que mantiveram relações profundas e verdadeiras ao longo de suas vidas com família e amigos são mais felizes, realizadas, saudáveis, em termos psíquicos e físicos, inclusive vivendo mais.

O sucesso excepcional das redes sociais é a expressão visível e decorrente dessa ânsia de relacionar-se e conectar-se com o outro, natural da espécie.

O problema passa a existir quando essa conexão com o outro, com o mundo externo, passa a ocorrer em detrimento da conexão consigo mesmo e com o mundo interno.

E é isso que tem acontecido. Uma intensificação extraordinária da conexão externa e da extraversão, em detrimento – quase em substituição – da conexão com o próprio mundo interior, os próprios sonhos, sentimentos, necessidades reais e não fictícias.

Nenhuma conexão externa consegue substituir a interna, ela é insubstituível.

Quanto mais desesperadamente nos atiramos em direção ao outro, paradoxalmente mais sozinhos e deprimidos nos sentimos. Porque nos abandonamos. Nada nem ninguém poderá substituir a nós mesmos.

Por isso é necessário empreender um retorno e uma reconexão consigo mesmo, com o que de fato somos e sentimos, com o que de fato precisamos e sonhamos, e não com necessidades, sonhos e sentimentos "postiços" e "fakes".

Este livro é a história de alguém que ouviu este chamado e resolveu compartilhar sua jornada em direção a esse mundo interior, em direção ao próprio coração.

Patricia é uma jovem empreendedora que sempre teve grande sucesso em suas conexões e em suas relações sociais e profissionais, mas que não se deixou estacionar apenas nesse sucesso externo social pelo qual muitos se encantam e lutam para manter.

Corajosamente, ouviu e decidiu empreender em direção ao próprio coração e ao seu propósito de vida, e nestas linhas procura compartilhar com o leitor sua jornada e experiência.

Espero que possa inspirar outros nessa mesma direção. Não é um caminho fácil, mas é um caminho imprescindível se quisermos ser realmente felizes e profundamente realizados, como profissionais e seres humanos.

# CONECTE-SE DE CORAÇÃO

Conexão é uma palavra que faz parte do meu vocabulário desde que me conheço por gente. Muito antes das mídias digitais, da internet e do Wi-Fi, ela já existia em minha vida e eu nem suspeitava de que a aptidão que eu acabaria por desenvolver para me conectar com as pessoas teria vindo, literalmente, do berço.

No caso, do berço do meu irmão mais velho.

O George foi a primeira criança da família. Depois dele, viriam outras três meninas, mas foi ele quem trouxe o desafio mais marcante para a vida de meus pais. Diagnosticado com uma doença rara (a síndrome de Cornelia de Lange), assim que George nasceu, minha mãe ouviu a sentença do médico, que disse, taxativo:

– Lea, seu filho não viverá mais do que um ano.

Para a medicina, essa era a expectativa de vida do George. Minha mãe, desde sempre dotada de uma incrível força espiritual, resignou-se e o levou para casa, mesmo sendo avisada de que muitas famílias optavam por deixar os bebês diagnosticados com aquela síndrome no próprio hospital, onde poderiam viver aqueles poucos meses de vida dispondo da infraestrutura hospitalar.

No entanto, quem conhecia a Lea, minha mãe, sabia que o coração dela jamais deixaria um filho sozinho no hospital. Ao lado do meu pai, Fernando, decidiu-se por encarar aquele diagnóstico e dedicar-se intensamente ao seu filho.

Eu entraria na história desta família 3 anos mais tarde. Antes de mim, viria a Amanda. Quando nasci, meu irmão George ainda estava no berço, mas já tinha completado 3 anos de idade, contrariando as expectativas médicas.

Fui crescendo sem saber das limitações do George. Ainda pequena, lembro-me de entrar no quarto dele e tentar engatar uma conversa, ou de enchê-lo de perguntas. De alguma forma, eu sabia que, embora não me respondesse com palavras, ele me compreendia. Cada criança com esse diagnóstico apresenta um tipo de comportamento e dificuldade distintos: o George não falava e não abria os olhos, mas parecia me entender sempre que estávamos juntos. Por isso, eu sabia que conseguia me conectar com ele. A energia de George era diferente quando estávamos presentes, e isso também mudava tudo.

Nossa família era composta por quatro crianças: depois do meu nascimento, ainda viria a Isabela. Portanto, além do cuidado constante com o George, minha mãe se desdobrava para dar amor e atenção para as outras filhas. E mesmo que disputássemos sua atenção, amor nunca faltava.

Hoje, 38 anos depois de seu nascimento, ele segue contrariando expectativas e ainda está em seu quarto. Depois de tanto tempo, fui aprendendo como me conectar com George e, se hoje digo que aprendi a conversar por meio do coração, é porque acredito que uma conexão verdadeira e profunda não se faz apenas por meio de palavras.

A sutileza em um processo de comunicação entre duas pessoas é algo que poucos experimentam. Muita gente acaba "lendo" o outro só através de suas palavras e não consegue estabelecer uma conexão mais profunda, sentindo a energia da pessoa, sua expressão, tentando entender quais sentimentos o outro carrega para poder conectar-se verdadeiramente a ele.

Hoje, quando estou diante de alguém de qualquer classe, posição ou status social, tento enxergar a essência daquela pessoa, mesmo que ela tente escondê-la. Sentir além das palavras o que o outro quer comunicar-nos, muitas vezes, pode ser mais efetivo do que apenas ouvir aquilo que o outro diz. Podemos mascarar as palavras, mas a energia nunca mente.

Para isso, é necessário sentir. Sentir o outro e principalmente chegar de maneira aberta e franca, expondo a si mesmo para que se estabeleça uma relação de confiança antes que a pessoa deixe-se revelar.

Numa "era digital", na qual todos têm a facilidade de "estarem próximos" uns dos outros pelas redes, a raridade está em encontrar pessoas dispostas a conectarem-se de verdade e, quando eu falo de conexão, não estou me referindo a um simples encontro, onde dois corpos habitam o mesmo espaço.

Estou falando de conexões valorosas, daquelas que geram trocas positivas para ambos. Refiro-me à doação de energia, para que o outro possa sair daquela conversa melhor do que entrou, nutrido energética e espiritualmente com uma troca efetiva e inteira. Refiro-me à transformação que podemos gerar a partir das verdadeiras interações.

Hoje acredito que só conseguimos conectar-nos com o outro, de fato, quando respeitamos a nossa essência. É impossível querer enxergar outra pessoa por dentro se você mal enxerga a si mesmo ou se veste uma máscara, fingindo ser aquilo que não é. No longo prazo, quando você se mostra diferente do que realmente é, a mentira não se sustenta. Além disso, se você precisa esforçar-se para ser outro alguém, imagine só o peso e a dificuldade que são gerados em sua própria vida quando você passa a representar um papel diariamente.

Muitos, movidos pelo desejo de impressionar através das redes sociais, criam personagens, e não se mostram como verdadeiramente são. Querem parecer algo e não se importam se não forem o que aparentam ser para os outros.

É comum conhecermos pessoas virtualmente e, quando estamos diante delas, percebermos que não são bem aquilo que pareciam ser nas redes sociais. Essa imagem pré-fabricada tem feito com que muitos ganhem o status de celebridade, mas, ao mesmo tempo, conforme se mostram como realmente são, a queda sofrida acaba sendo alta. Isso porque estamos entrando na era da autenticidade e, em breve, todo esse jogo de duas caras deixará de existir.

Recentemente, em um evento no qual eu faria uma mediação entre dois empresários, uma figura pública conhecida nas redes sociais chegou ao local e fez um verdadeiro escarcéu, porque acreditava que era mais importante que as demais pessoas ali presentes devido ao número de seguidores que tinha em suas redes sociais.

Foi curioso observar como essa necessidade em criar personagens tem sido vital para a sobrevivência dos tais "influenciadores digitais" que, algumas vezes, trazem pouco conteúdo e muita máscara. Então, as conexões reais deixam de acontecer. As interações tornam-se superficiais e, geralmente, são feitas por puro interesse comercial, ou seja: quando você tem uma moeda de troca, é bem tratado. Quando não tem, torna-se descartável.

Vivi um longo processo de aprendizado até descobrir que "ser" e "parecer" eram coisas distintas, e vou te contar uma coisa: nem sempre fui essa mulher bem resolvida que sou hoje. Passei por maus bocados antes de encontrar a mim mesma e meu lugar no mundo. Para conectar-me com as pessoas, em primeiro lugar, foi preciso fazer uma conexão interna comigo mesma.

Quando eu tinha 13 anos, embora soubesse transitar pelo mundo, afastava-me dele para mergulhar no meu universo particular. Era dentro do meu quarto que eu lia grandes filósofos ou pensadores que influenciavam, aos poucos, minha forma de pensar.

Mas ficava difícil olhar para dentro quando o que eu via por fora não me agradava por completo. Eu era uma adolescente acima do peso e aquilo me incomodava. Não que eu acredite que possam existir padrões que definam o que é estar dentro do peso ideal, mas eu me sentia inadequada diante das amigas da minha idade. Por isso, acabava me escondendo dentro de mim e desenvolvendo outras habilidades que não me fizessem precisar da estética. Escrever era uma delas.

Eu tinha verdadeira paixão por diários, nos quais colocava todos os pensamentos que me atormentavam, as angústias existenciais de uma adolescente e também as coisas boas. Cresci naquele processo de análise comigo mesma, e as folhas em branco iam se preenchendo daquilo que enchia minha cabeça. Era dessa maneira que eu mesma me conectava com a essência de uma menina que, aos poucos, percebia que não tinha vindo ao mundo a passeio.

Naquela época, eu sofria por excesso de ansiedade, o que fazia com que eu comesse compulsivamente. Aos poucos, depois de tentativas frustradas de emagrecer, quis ficar dentro do padrão a qualquer custo. Olhava as mulheres nas revistas e acreditava que nunca teria aquele corpo escultural, então me escondia ainda mais debaixo das blusas de moletom. Assim, fui desenvolvendo um distúrbio alimentar conhecido como bulimia. Esse distúrbio não durou muito tempo, já que, quando as pessoas perceberam, ficaram preocupadas e eu entendi que aquele hábito destrutivo poderia me levar à morte. Hoje, eu percebo que aquele período foi um divisor de águas na minha vida. Eu poderia ter ido para um caminho sem volta se não tivesse sido ajudada a tempo.

Foi a partir daí que a disciplina entrou na minha vida. Eu precisava dela para ter uma educação alimentar adequada. Com disciplina, acabei chegando, aos 17 anos, ao peso adequado para minha idade e altura e acabei ficando parcialmente refém do padrão esperado para uma mulher.

Contrariando todas as expectativas, de um extremo ao outro, aquela menina que ficava lendo e escrevendo dentro do quarto, com excesso de peso e vergonha de sair de casa, colocou a cara para fora e foi convidada para ser modelo.

Por ironia do destino, a Patricia que lia sobre grandes pensadores e escrevia coisas profundas começou a afastar-se daquele universo introspectivo e foi ganhando autoconfiança para posar para lentes de fotógrafos. Quando dei por mim, estava fazendo fotos para propagandas de academia de ginástica e experimentava algo que, até então, nunca tinha sentido: era notada e aceita pela sociedade. Demorei para me dar conta de que ser reconhecida por ter um corpo "bacana" (ou seja, dentro dos padrões estéticos), não era exatamente o que eu queria para mim.

Eu tinha acabado de ingressar na faculdade de administração e, depois de um ano de curso, entendi que não adiantava agradar aos outros e desagradar a mim mesma. Foi então que mudei para o curso de relações públicas e aí sim me vi no lugar certo: eu começava a aprender sobre relacionar-me com as pessoas.

Comecei a procurar por estágio em diversas empresas, mas queria algo diferente de tudo e, enquanto buscava, descobri que existia uma profissão que ainda hoje é bastante desconhecida: os caçadores de tendências (*cool hunters*, em inglês).

Os caçadores de tendências são pessoas que fotografam objetos, buscando as próximas tendências do mercado em diversas áreas: cultura, tecnologia, moda, design etc. Esse profissional tem o olhar treinado para encontrar o que o consumidor deseja mas ainda não sabe.

Na época, a empresa responsável por isso tinha uma espécie de ranking, onde as fotos dos caçadores entravam para uma rede privada. Logo que consegui me tornar uma das caçadoras que prestavam serviço, entendi que, para mim, não bastava ser parceira deles, eu queria trabalhar com eles, dentro da empresa. Então comecei a imaginar maneiras de atrair a atenção dos donos.

Ou seja: se minhas fotos ficassem bem ranqueadas no ranking geral das fotos enviadas pelos caçadores, eu teria meu lugar ao sol. Logo, comecei a buscar tendências e postar mais do que os demais, até chegar ao primeiro lugar no ranking. Já treinava meu olhar para o que era inovação e nem percebia. Mas aquilo não bastava para que eles tivessem a ideia de me contratar.

Na época, trabalhar naquela empresa era tudo o que eu queria. Ficava horas imaginando um jeito de tornar aquilo possível. Foi aí que eu finalmente tive a ideia: decidi fazer uma festa na minha casa e convidar todas as outras pessoas que colaboravam como caçadoras de tendências. Eu sugeri que a empresa levasse as bebidas e eu organizaria todo o evento para promover aquele encontro.

Para mim, aquela seria uma excelente oportunidade, mesmo sem qualquer garantia de que poderia dar certo. Era um tiro no escuro e talvez o meu primeiro investimento em algo para ter um retorno. A única certeza que eu tinha era a de que precisava oferecer um benefício para a empresa e, ao organizar aquela festa, estaria criando uma oportunidade para que as pessoas pudessem se conhecer pessoalmente. Na minha cabeça, era dessa maneira que eu seria notada e finalmente contratada para fazer parte da equipe interna.

Comecei a criar conexões de valor mesmo sem saber direito o que isso significava. Embora pensasse que os donos me achariam proativa, sabia que aquilo não garantia nada. Ainda assim, mesmo que eu não fosse contratada, iria conhecer pessoas e aquilo seria, de fato, algo interessante.

Quando a festa aconteceu e tudo deu certo, saindo como eu planejava, consegui o meu primeiro emprego na vida e entendi o que era "criar oportunidades". No trabalho, eu sempre me lembrava da minha mãe dizendo que, desde que meu irmão tinha nascido, ela se perguntava o que poderia fazer para ajudá-lo a se desenvolver e ter a melhor vida possível.

Eu via, naquelas palavras da minha mãe, a chave para as relações em que as pessoas engrandeciam umas às outras: o cuidado com o outro, o olhar, a preocupação, eram extremamente importantes para poder "ver o outro crescer", e eu não estou dizendo só fisicamente não. Quando proporcionamos momentos de crescimento mútuo entre as pessoas, crescemos também, e nos nutrimos dessa energia. Percebemos que podemos contribuir com o mundo de maneira mais efetiva e, por isso, ficamos espiritualmente nutridos.

Esse jeito de minha mãe encarar a vida me fazia observar meu próprio comportamento, tentando entender se estava dando meu melhor e ajudando os que estavam ao meu redor a serem melhores do que poderiam ser.

Também foi com a minha mãe que aprendi a não reclamar, mesmo que todas as condições externas fossem desfavoráveis e existissem obstáculos aparentemente intransponíveis. Eu observava uma situação e sempre me perguntava o que eu poderia fazer de melhor com ela, e assim eu poderia agir de maneira diferente, sempre tentando criar cenários positivos no meio do caos. Se ela tinha superado de maneira tão inteligente e se resignado diante do diagnóstico do meu irmão, trazendo aquela leveza em viver a vida para toda a família, era evidente que existia uma certa mágica nisso tudo e uma sabedoria também.

Talvez tenha sido nesse mesmo período que eu aprendi mais sobre gratidão: quando eu colocava foco naquilo que deveria enaltecer em vez de reclamar pelo que não estava exatamente do jeito que eu queria, sentia-me pronta para encarar qualquer desafio. Ter minha mãe por perto sempre me fazia aprender algo novo.

O período trabalhando na empresa de caçadores de tendências fez com que eu ficasse com o olhar ainda mais treinado para aquilo que estava fora do radar de todo mundo. Então, quando um amigo contou que havia uma vaga disponível em um outro lugar, cuja função seria proporcionar experiências distintas a CEOs de empresas, logo me candidatei e fui chamada para uma entrevista.

Quando cheguei lá, descobri que estavam criando as coisas do zero. Desde o tipo de experiências a serem oferecidas no tal clube de experiências, até o plano de negócio. Engajei-me de corpo e alma naquela proposta, entrando de cabeça no projeto. Eu basicamente tinha que fazer conexões e ir até as empresas de grande porte para falar com alguns CEOs e fazer com que eles comprassem aquela ideia, aderindo ao projeto.

Como em tudo que começa, para a magia acontecer, era preciso ter jogo de cintura. O que eu tinha de fazer era, basicamente, levar aqueles diretores para "outro universo". Para que isso acontecesse, eu não seguia qualquer roteiro nem pensava na forma de abordá-los. Não ia lá para representar um papel, nem impressionar, mas sabia que, para ser ouvida, eu precisava, em primeiro lugar, criar uma conexão por meio do coração.

Sabia que não poderia ser muito agressiva, ou seja, indo direto ao ponto que me levava ali, mas também não dava para ser rasa ou superficial. Eu não fazia tipo. Chegava sabendo que, antes de qualquer coisa, eu precisaria ser respeitada (mesmo com a minha pouca idade na época) e então fazia uma pergunta sobre o que aquele profissional gostava de fazer.

A partir dessa resposta, eu já sabia um pouquinho do que poderia levar, em termos de experiência, para aquele CEO e, ao mesmo tempo, ainda procurava ter uma abordagem o mais humanizada possível, sempre.

Foi assim que entendi que eu jamais faria conexões reais no ambiente de trabalho se chegasse a uma reunião abordando simplesmente o negócio que me levava até ali. Era preciso interessar-me pela pessoa por trás daquela empresa. Era preciso relacionar-me sem máscara e entender que existia uma pessoa comum ali, que, muitas vezes, acabava agindo de maneira mecânica no dia a dia, por força do hábito, fazendo poucas interações verdadeiras com quem se relacionasse no âmbito profissional.

Enquanto buscava a essência de quem estava diante de mim, percebia sempre que os grandes líderes geralmente tinham algo a mais. Essas pessoas que conquistaram algo, quando vistas de perto, impressionam porque geralmente tiveram uma postura diferente de vida ou uma inteligência emocional mais apurada.

Para extrair o melhor das relações sempre temos que nos conectar por meio do coração. Não importa em que ambiente estamos, se quisermos promover uma interação, temos que nos conectar.

Hoje vejo pessoas que trabalham na área comercial de empresas que são como máquinas de vender coisas. Elas criam uma network e acreditam que números de telefone ou e-mail garantem um contato.

Costumo dizer que não adianta ter o telefone de uma pessoa se ela não te atende. Você prefere ter um número ou ser atendido?

Sem perceber, muitas pessoas vivem cheias de eventos e cartões de visita, mas estas mesmas pessoas, quando saem destes ambientes de trabalho onde não existe mais nenhuma moeda de troca, sentem--se vazias e infelizes, sem amigos ou conexões reais.

Em ambientes hostis de trabalho onde as pessoas valorizam mais o "ter" do que o "ser", vende-se a alma em troca dinheiro. Já acompanhei diversas vezes trajetórias de pessoas que aparentemente tinham vidas impecáveis, mas eram vazias de amor, contato íntimo, amigos ou relações que as nutriam espiritualmente.

Aos poucos eu ia penetrando naquele novo universo, mas sem me deixar contaminar pela parte ruim dele. O que eu percebia era que jamais seria capaz de vender algo que não acreditasse, e estava farta de pessoas tentando vender ideias e oportunidades "imperdíveis", nas quais nem elas acreditavam.

Naquelas experiências eu não só acreditava, como as vendia entusiasticamente. Conforme ia me envolvendo naquele negócio através das experiências proporcionadas aos grandes executivos, como jantares e eventos, ia naturalmente me aproximando das esposas desses mesmos executivos e percebendo que podia uni-las em prol de alguma coisa.

No primeiro almoço que tive a ideia de fazer só para essas mulheres, estava interessada em gerar trocas entre elas, de forma que aquelas relações fossem mais estreitas.

Enquanto estava diante delas, sempre me lembrava do conselho da minha avó materna, Christine Yufon, que se tornara uma famosa professora de boas maneiras e artista plástica. Ela sempre repetia um mantra que acabara indo para seu livro: "mulher bonita é aquela que consegue transparecer a essência". Numa fase em que eu já estava de bem com meu corpo, entendia que o que me fazia especial era justamente aquilo que me tornava única. Eu não precisava reproduzir o comportamento de ninguém, ser ou agir de determinada maneira. Eu precisava simplesmente deixar transparecer quem eu era.

Conforme minha essência ia vindo à tona, eu esquecia os medos da adolescente com sobrepeso e a vaidade da jovem modelo, e alimentava algo dentro de mim que pudesse realmente fazer com que eu me tornasse a pessoa que eu queria me tornar.

Desta forma, engajava-me constantemente em projetos desafiadores que demandavam de mim mais do que uma simples estratégia. Um deles era relacionado à criação de parcerias para caixas de experiências vendidas em supermercados e lojas de conveniência. Para que as experiências pudessem acontecer, eu gerava as parcerias e ia inventando moda. Batia tanto em portas de cabeleireiros como ia atrás de donos de estabelecimentos que pudessem fornecer algo e explicava a ideia da empresa para engajá-los no projeto.

Como as conexões começavam a multiplicar-se, decidi que faria algo com propósito. Estava fazendo um processo com uma coach que me ajudava a enxergar a minha missão, e eu queria contribuir com as pessoas com algo que pudesse fazer a diferença, criando conexões que gerassem valor.

Foi assim que comecei a reunir um grupo de mulheres empreendedoras para gerar trocas entre elas.

O grupo das mulheres empreendedoras foi mais do que um sucesso. Começou com oito mulheres e em questão de dois meses já éramos quarenta. Todas se ajudavam entre si e eu pensava: "Isso pode se tornar um negócio legal!". Via as ideias gerando conexões e encontros e então perguntei a mim mesma: "Por que não fazer isso com jovens?".

Desse questionamento, surgiu um projeto que batizei como "Next Generation". Eu estava convicta de que não faria o encontro só com mulheres e já conseguia visualizar a realização daquilo tudo.

Logo depois, acabei sendo convidada para fundar e presidir o LIDE FUTURO, com a intenção de conectar jovens empreendedores.

Hoje, quando as pessoas perguntam qual a minha técnica para fazer boas conexões, eu digo que nunca tive técnica. Sempre acreditei que era possível fazer trocas genuínas quando estamos bem intencionados e dispostos a efetivamente ter uma relação com o outro, enxergando-o como ele é, além do que ele representa na sociedade.

Foi desta forma que consegui entrevistar o empresário Jorge Paulo Lemann para o meu canal, o que todo mundo dizia ser impossível, e também chegar ao maior investidor do mundo: Warren Buffett, o maior acionista individual da Coca-Cola, dono de aproximadamente 9% do capital da empresa, algo que gira em torno de 17 bilhões de dólares.

No dia que consegui a tão sonhada entrevista com o Lemann, acredito que o que criou a conexão entre nós foi uma verdade que ele sentiu. Lemann falou sobre sonhos e viu que meu canal era, de fato, a realização de um sonho.

Quando nos conectamos de coração, entendemos a vibração daquela pessoa e nos conectamos com ela de forma autêntica. A comunicação de poder é muito mais humana e temos que entender de uma vez por todas que as maneiras de fazer negócio mudaram.

Certa vez fui chamada para uma reunião por uma assessoria de imprensa. O objetivo era que o fundador de determinada start-up me contasse sua história. Fui até a reunião, na qual ele falou ininterruptamente sobre sua vida durante 30 minutos.

Assim que terminou, ele disse: "Estou marcando alguns encontros de relacionamento para contar minha história". Depois de ouvir aquele monólogo, no qual não houve sequer uma troca de palavras, já que ele tinha manipulado a atenção para si e seus feitos, saí sem ser impactada. O efeito tinha sido justamente o contrário: ele tinha utilizado a oportunidade de me "vender" uma pauta para inflar o próprio ego e dera um tiro no pé.

Não dá pra jogar o jogo desse jeito. Comunicação é conexão. Ser pretensioso é o que mais te afastará do resultado que procura.

A venda é uma confiança e, quando você se conecta, precisa pensar no outro. A pessoa muito egocêntrica não traz nada de especial para quem está diante dela. Hoje sei que um contato via telefone não vale sem olho no olho. Podem até achar que o número de seguidores numa rede qualquer seja importante, mas o que importa de verdade é ter em quem confiar quando você precisa apenas conversar. Não adianta estar cercado de gente se essas pessoas não te agregam ou se você não contribui para uma transformação daquele ambiente.

Conexão de verdade existe quando a gente liga o GPS do coração e entra em contato com um caminho humano na construção de uma boa relação.

Gosto de apresentar as pessoas e conectá-las umas com as outras, aliás, sou formada em relações públicas justamente porque adoro fazer isso, mas apenas se for algo que eu saiba que vai agregar para ambos os lados e não apenas uma forma de tirar vantagem comercial. Se eu simplesmente fizesse a intermediação de conversas entre todas as pessoas que me pedem com os empresários com os quais já entrevistei, eles nunca mais me atenderiam porque pensariam: "Ligação da Patricia é sinônimo de pedido de coisas que eu não quero fazer".

Evidentemente, tomo muito cuidado tanto para preservar a minha imagem, como para respeitar a pessoa que demorou anos para construir a dela.

A questão é que muita gente não tem esse discernimento. Claro que é legal ter atitude, mas para poder pedir algo, antes você precisa oferecer algo de valor. Isso pode criar uma conexão.

Eu digo a todos os empreendedores, nas start-ups em que dou mentoria ou para os jovens que auxilio, para tirarem os projetos do papel, porque o motor principal de qualquer projeto é acreditar. Todo empreendedor precisa acreditar em si e em sua ideia para saber persuadir e vendê-la, seja para um investidor ou para o público final.

Muitos investidores não querem ver um plano de negócios, uma tabela de Excel ou uma apresentação com um design incrível. O que faz a diferença na hora de mostrar um projeto, seja ele qual for, é a energia que você coloca nele. Pode ter certeza: o mesmo projeto, com a mesma arquitetura, desenho, apresentação, pode ser feito de inúmeras maneiras e conquistar resultados distintos. Se quem apresenta e vende a ideia para os outros está cheio de entusiasmo, a conexão é feita imediatamente e quem está do outro lado sente a vibração, o brilho nos olhos e a fé do entusiasta.

Quando um projeto é apresentado de maneira tecnicamente perfeita, mas não tem o poder de encantar ou conectar-se com qualquer pessoa da sala de reunião, é como ver um arranjo lindo de plástico. Ele até enfeita a sala, mas não tem cheiro e nem vida. E é bonito ver a beleza das flores vivas, mesmo sabendo que, um dia, elas podem murchar.

# SEJA AUTÊNTICO

– Como você toma tanta Coca-Cola e está tão bem?

A pergunta veio seguida de risos. Todas as pessoas que assistiam àquela conversa ficaram perplexas, afinal eu estava conversando com o próprio Warren Buffett.

Para a surpresa de todos, ele respondeu com sua habitual leveza:

– Olha, acho que a Coca-Cola deveria fazer um estudo em mim quando eu morrer!

Naquele dia eu já sabia que ele era apaixonado pelo pudim de tapioca brasileiro, que bebia cerca de sete latinhas do refrigerante por dia e que, com quase 88 anos na época, não abria mão de *junk food*, e embora eu tivesse criado uma tela mental meses antes daquele momento histórico, com direito a uma foto minha recortada e uma montagem entrevistando um dos homens mais ricos do mundo, eu não imaginava que aquela entrevista seria um marco na minha carreira profissional, ou melhor: uma grande conquista.

Nessa época eu já tinha meu canal no YouTube, que começara logo depois de eu ter renunciado ao sonho de ir para a TV. Tive uma tentativa frustrada depois de alguns sonhos e, como era muito conectada a sinais, percebi que, naquele momento, não seria o meu caminho. Era hora de decidir para onde eu queria guiar a minha vida.

Por isso, tinha criado um canal no YouTube. O canal tinha começado com um ideal nascido da minha mania de não suportar ouvir notícias ruins. As manchetes sangrentas sempre me incomodavam e eu desligava a televisão. Eu sentia um mal-estar tão grande quando o aparelho estava ligado em um canal qualquer de notícias que me perguntava como as pessoas conseguiam consumir aquele tipo de coisa. Tragédias, crimes bárbaros, notícias que sequestravam a fé das pessoas... Sempre que eu via algo do gênero, mesmo que não fosse na minha casa, pedia para mudar de canal.

Como eu estava com a mente fresca por tudo que tinha vivido no LIDE FUTURO, o qual eu havia fundado e presidido, fazendo com que eu me conectasse a muitas pessoas, perguntava-me: "Por que não fazer algo na televisão parecido com o que eu havia construído lá?". Na época uma amiga tinha um site com o nome "Boas Novas", que trazia apenas notícias boas.

Por acreditar que as pessoas poderiam consumir notícias positivas, resolvi criar um projeto que só repercutisse informações que pudessem agregar e contribuir com o crescimento pessoal de quem assistisse.

Ao mesmo tempo, entendia que existia uma grande parcela da população que estava ávida por algo melhor. Minha ideia era popularizar o empreendedorismo fazendo com que as pessoas pudessem ter acesso a entrevistas com grandes empresários e empreendedores de qualquer lugar do mundo. Era uma maneira de multiplicar conhecimento, ideias inovadoras e dar um enfoque especial ao modo de pensar daqueles que tinham caminhado muito para chegar a lugares onde ninguém tinha chegado.

Só que nem sempre as coisas acontecem da maneira como gostaríamos. Apesar da minha intensa força de vontade, energia e entusiasmo no projeto, o excesso de confiança em algumas pessoas fez com que meus planos fossem adiados. Os desafios que vieram com as experiências desastrosas de alianças malsucedidas foram tantos, que só restava repensar meu sonho.

Depois das quedas, nem sempre premeditadas, a força para se reerguer foi necessária. Muitas coisas tinham dado errado e as tentativas até dar certo tinham feito com que eu transformasse a ideia original e migrasse para o YouTube. Então, só me restava colocar a mão na massa.

O conselho para rebolar e superar as dificuldades depois das rasteiras veio da minha mãe, que sabia duas coisas: era preciso ter jogo de cintura e nunca ter medo de trabalhar. Por isso, eu enfrentava os desafios que a vida me trazia desde pequena, sempre mantendo meus valores e minha essência. Não fazia nada que pudesse ser contra isso e exatamente por ser fiel a mim mesma as coisas acabavam dando certo. Nem sempre no tempo que eu queria, mas na maioria das vezes, a conquista era permanente.

Então, "com uma câmera na mão e uma ideia na cabeça", criei o primeiro canal do mundo que une entretenimento a empreendedorismo no YouTube. Eu tinha a ideia de falar de autoconhecimento, liderança e trazer valores que contribuíssem para a mudança efetiva das pessoas como seres humanos, não apenas estratégias para ganhar mais dinheiro. Firmei parcerias estratégicas com a Associação Brasileira de Start-ups, a Fundação Estudar e a Anjos do Brasil e comecei o negócio do zero. Usava as parcerias e os contatos que tinha, e sabia que precisava correr atrás de patrocínio para viabilizar o canal.

No começo, os custos precisavam ser pequenos, então eu fazia tudo com a ajuda de apenas uma pessoa na equipe, a Carol Ferreira, que já trabalhava comigo havia alguns anos e sempre foi leal. Só terceirizava a edição. Criava os formatos, as pautas, fazia as entrevistas e agendava as reuniões comerciais ciente de que para cada marca eu pensaria algo diferente.

Eu sabia que era necessário oferecer algo customizado. Muitas pessoas sequer me atendiam e eu ouvia "não" com a cabeça erguida, sabendo que cada porta fechada na cara me dava mais ânimo para bater na outra e tentar abri-la.

Para customizar os quadros que eu criava para o programa, a estratégia era simples: eu tentava entender mais a política da empresa e a alma do negócio. E, claro, ia às reuniões disposta a aprender.

Eu sabia que a maioria das empresas tinha medo de investir em canais de YouTube e não sabia como fazê-lo. Era por isso que eu mostrava como o canal trazia credibilidade. Minha maior preocupação nesse período em que eu estava à frente das negociações do canal, dando a cara a tapa no vídeo, era manter minha autenticidade. Disso eu não abria mão.

Enquanto isso, via muitos canais fazendo de tudo: propagandas infelizes que não tinham qualquer conexão com o conteúdo e adotavam como medida não fazer nada só para ganhar dinheiro. Sabia que, para construir uma parceria de sucesso, ela precisaria ser baseada na conjunção de valores.

Na prática, eu jamais faria algo que não tivesse a ver comigo porque sabia que aquilo soaria falso. Era como fazer publicidade de determinado produto e convidar meus seguidores para provarem-no, sem nunca ter experimentado e usado aquilo.

Acreditava que, a longo prazo, uma imagem de credibilidade poderia ser construída com a premissa básica da autenticidade. Pessoas autênticas que não usavam máscaras e nem fingiam ser o que não eram sempre tinham carreiras mais sólidas.

Minhas premissas eram pautadas pelo famoso "Credo dos Otimistas". Eu prometia a mim mesma ser tão forte que nada perturbaria minha mente, queria falar de saúde, felicidade e prosperidade a todas as pessoas que encontrasse, fazer com que aqueles que me cercavam sentissem que havia algo de valor dentro de si e olhar o lado positivo das coisas, sempre.

Também me prontificava a pensar o melhor a todo momento, trabalhar pelo melhor e esperar apenas o melhor enquanto usava meu tempo para melhorar a mim mesma, através de grandes ações.

Eu tinha a pretensão de crescer sem ignorar as pessoas que tinham me ajudado. Estava farta de ver gente só se relacionando por causa de dinheiro e virando as costas para as pessoas que tinham aberto portas e possibilidades. Então, sempre que me via diante de uma proposta, perguntava: "O que quero de verdade com esse canal?".

Era com essa pergunta que eu tentava não me afastar da minha essência, pois sabia que era o que me conectaria com o público e traria o poder da autenticidade.

Quanto mais eu tinha claro o que queria para mim e para meu futuro, mais tinha que aprender a falar não. Recebia propostas para trabalhar em grandes corporações, ganhando salários altíssimos e, mesmo tentada, dizia não, porque estava engajada no meu sonho. Embora nos primeiros meses o canal ainda não se sustentasse, eu sabia que seria um passo por vez e que eu criaria a vida que queria ter. Não queria seguir o ritmo e a cartilha dos outros.

Para ser autêntico consigo mesmo, é preciso falar não para muitas coisas. Dizer sim para você e não para o que os outros querem para o seu futuro.

Creio que autenticidade tenha a ver com coragem. Coragem para seguir o que você é de verdade. Apesar de muitas pessoas dizerem: "Se for um fixo interessante, cogite a hipótese de aceitar, porque você terá estabilidade", eu rejeitava e dizia "não", porque queria enfrentar o desafio de construir meu sonho, que era um canal que trouxesse aquilo em que eu acredito.

Nada vale mais do que ser fiel a seu próprio sonho.

No começo de um projeto você sempre vai se questionar se vale a pena pagar o preço. As oportunidades podem surgir aos montes para testar se você persiste no seu sonho. Mas de que adianta dizer sim para o outro e viver de um jeito em que não acredita?

Nunca fugi do trabalho, mas hoje me respeito para fazer as coisas que estão alinhadas com a minha essência e para não desrespeitar a mim mesma assumindo demandas que não correspondem ao que acredito.

Continuo falando "não" para muita coisa e esses "nãos" possibilitaram que meu projeto ganhasse a minha energia, já que não a desperdiço seguindo caminhos alternativos que só me distanciariam do meu objetivo.

Os vídeos começaram com a minha marca registrada, a espontaneidade, e nas conversas eu sempre conduzia a entrevista prestando atenção ao que o entrevistado dizia, para puxar ganchos importantes. Assim, comecei a fazer talk shows em eventos e aprimorar uma habilidade que se tornava meu diferencial.

O canal começou a ganhar corpo e passei a ter ambições mais altas, por exemplo, entrevistar os maiores bilionários do mundo. Depois de tantas quedas, queria fazer o negócio acontecer.

Para isso, a minha primeira providência foi fazer uma tela mental. Já tinha feito uma quando era mais nova e queria emagrecer, colando minha foto de rosto no corpo que queria conquistar. Sabia que isso era um incentivo para a mente.

Assim, recortei as fotos do Jorge Paulo Lemann, do Warren Buffett e de outros grandes líderes e comecei a imaginá-los no meu canal.

Jorge Paulo Lemann era considerado o empresário mais rico do Brasil. Conhecido por sua capacidade de melhorar as operações e reduzir custos, era visto como um bilionário ousado com muitos admiradores no mundo dos negócios. Quando pensei nele, não tinha a ideia de chamá-lo para uma entrevista. Queria mesmo era contatá-lo para que pudesse ser meu mentor profissional.

Eu sabia que muitas pessoas já tinham tentando se aproximar dele sem sucesso e que ele era obsessivo com metas e resultados. Eu sabia que entrevistá-lo seria difícil, mas não acreditava que seria impossível. Sabia que se houvesse uma conexão real, nada era impossível. Admirava-o principalmente por ser fundador e atual apoiador da Fundação Lemann e da Fundação Estudar. Lemann também era conhecido por contar com sua intuição nos negócios.

Assim, já havia conversado com ele em eventos e enviado alguns e-mails quando consegui uma resposta para que tomássemos um café. Minha primeira intenção era conseguir que ele desse uma mentoria gratuita para doze filiados de um grupo de jovens líderes que eu tinha fundado.

Eu não criei nenhuma estratégia para tentar convencê-lo. Entendia que a energia que se criava em torno de um projeto quando estávamos convictos de que ele daria certo transformava tudo ao redor.

Na prática, falei de coração sobre o meu projeto de mentoria, sobre as pessoas que seriam ajudadas e recebi o tão esperado "sim". Tínhamos nos conectado verdadeiramente e ele ficou duas horas com os jovens. Foi atencioso e compartilhou grandes aprendizados e histórias incríveis da sua jornada.

Nesse dia, Lemann contou que não acreditava em empresas sem cultura. Para ele, uma cultura forte permitia que o DNA da empresa pudesse ser replicado em outros negócios. Ele também dizia que seu principal ativo era gente, e procurava sempre os melhores talentos.

Foi nesse dia que aprendi um pouco do seu sistema de gestão que tinha como premissa caçar os gatos "gordos" que vivem dentro das empresas. Era assim que ele se referia às pessoas acomodadas com pouca produtividade que atrapalhavam a vida dos demais e da própria engrenagem.

Para ele, a maioria dos problemas das empresas está dentro delas. Desta forma, era imprescindível contar com pessoas motivadas, ambiciosas e que comprassem a cultura da empresa.

Depois dessa mentoria, nossa aproximação em reuniões e encontros mais frequentes propiciou-me um grande privilégio; pude praticamente fazer uma mentoria individual na qual perguntava coisas do tipo: "Como você faz quando precisa resolver um problema?".

Foi depois dessas reuniões que estreitamos nosso relacionamento e decidi que finalmente pediria a tão sonhada entrevista. Já tinha solicitado por e-mail e ele havia recusado. O Jorge era extremamente reservado e nunca tinha dado uma entrevista.

"Esquece. Entrevista eu não dou, não é meu perfil", ele disse.

Mas algo me dizia que eu iria conseguir. Por isso, levei meu celular na bolsa, sabendo que precisava dosar convicção com persistência sem dar uma de chata.

Naquele dia eu disse: "Vou lançar meu canal, acho que você é um empresário com ética e tem muita gente desmotivada achando que, para se dar bem no Brasil, todo mundo rouba".

Assim que ele concordou, saquei o celular e fiz a primeira entrevista na qual falamos sobre jovens. Depois disso, planejei uma segunda e nem eu acreditei quando consegui. Era a primeira entrevista que ele havia dado na vida. Aquilo realmente foi um marco para mim. Lançar o meu canal com a entrevista de um dos maiores líderes do mundo!

E depois de conseguir essa breve entrevista para a estreia do canal, consegui outra entrevista na qual ele contou sobre suas falhas e disse algo que eu guardaria para o resto da vida: "Temos que aprender testando, errando e falhando". Naquele dia, ele disse que sua maior falha havia sido no início de sua carreira, quando tinha uma visão a curto prazo e estava focado em resultados imediatos, no mês seguinte ou na semana seguinte. "Na realidade, em alguns dos negócios que eu toquei no início, estava atrás do lucro imediato e não na construção de algo permanente e mais durável. Com a idade, eu foquei em coisas que têm uma longa durabilidade. A vida é isso, a gente vai errando, aprendendo e melhorando", ele explicou.

Então, ele usou uma expressão que percebi que já adotava em minha vida: "Tem muita gente que sonha, sonha e não consegue nada. Tem pessoas que superam as dificuldades e têm disposição para sofrer e chegar lá".

Minha última pergunta foi inspirada em uma outra que ele me havia feito no dia em que o conheci, quando me pegou de surpresa: "No que você acredita que ninguém mais acredita?", ele tinha disparado, do nada. Eu sabia que essa era uma espécie de "fórmula" dele para pegar a essência das pessoas e fui direto ao ponto: "Acredito que notícia boa vende", respondi.

Finalizei com a indagação: "O que nunca te perguntaram?". Embora tenha sido completamente inusitada, foi ali que as pessoas sentiram quem era o Jorge de verdade.

Depois dessa entrevista histórica com um ícone brasileiro que não havia concedido uma única entrevista até então, foquei minha energia em entrevistar o Warren Buffett. Não sabia como o faria, mas acreditava numa força do Universo que nos protege quando estamos na trilha que nosso coração aponta. Também sabia que como estava fazendo o meu melhor, tanto para mim quanto para as pessoas que cruzavam meu caminho, existia uma proteção divina que me conduziria.

Também acredito que quando fazemos o bem para os outros despretensiosamente, aquilo volta numa outra moeda, de uma maneira que nem imaginamos.

Eu já tinha lançado meu canal no YouTube e estava fazendo o possível para conectar as pessoas quando me deparei com as palavras de outro mentor: Steve Jobs.

Jobs tinha feito um discurso para os formandos de Stanford que havia me tocado profundamente. No tal discurso, ele falava sobre "ligar os pontos" e contava que, aos 17 anos, quando estava na faculdade, não via valor em nada que aprendia e por isso decidira desistir, confiando que as coisas se ajeitariam. Ele conta que ficou assustado, mas fazendo um retrospecto de sua vida, aquela tinha sido uma de suas melhores decisões.

Foi nesse período que Jobs resolveu assistir aulas de caligrafia do Reed College e aprendeu sobre seus tipos, variações e combinações. Ele achava que aquilo era belo, histórico e sutilmente artístico, algo que o fascinava.

Como aquele conhecimento não podia ser aplicado em sua vida naquele momento, foi apenas 10 anos mais tarde, quando estava projetando seu primeiro Macintosh que se lembrou daquilo e o projeto do Mac incluiu esse aprendizado.

Jobs contava que, sem aquele curso, o Mac não teria múltiplas fontes. Era por isso que ele acreditava que os pontos só se conectam em retrospecto, quando chegamos ao futuro e entendemos que certas coisas só foram possíveis porque tomamos certas decisões no passado.

"É preciso confiar que os pontos estarão conectados no futuro. É preciso confiar em algo: seu instinto, o destino, o karma. Não importa.

Essa abordagem jamais me decepcionou e mudou a minha vida", ele dizia.

A segunda história que Jobs contou no mesmo discurso diante dos formandos de Stanford foi sobre amor e perda. Jobs descobriu o que amava bem cedo e aos 20 anos criou a Apple na garagem dos seus pais. Dez anos depois, aquela empresa valia 2 bilhões de dólares e ele foi despedido da empresa que havia criado.

O que aconteceu nos meses seguintes foi que Jobs não sabia o que fazer, mas, apesar da rejeição, o amor pela Apple não tinha mudado. Na época, ele não percebeu, mas ser demitido foi a melhor coisa que poderia ter acontecido, já que o peso do sucesso foi substituído pela leveza do recomeço. Isso o libertou para um dos períodos mais criativos de sua vida, quando criou a Next e a Pixar. A Pixar se tornou o estúdio de animação mais bem-sucedido do mundo e a Next acabou sendo adquirida pela Apple.

"Estou certo de que nada disso teria acontecido sem a demissão. O sabor do remédio era amargo, mas creio que o paciente precisava dele. Quando a vida jogar pedras, não se deixem abalar. Estou certo de que meu amor pelo que fazia é que me manteve ativo. É preciso encontrar aquilo que vocês amam", ele dizia. "Seu trabalho terá parte importante em sua vida, e a única maneira de sentir satisfação completa é amar o que vocês fazem. Caso ainda não tenham encontrado, continuem procurando."

A última lição era sobre morte. Desde os 17 anos ele se olhava no espelho pela manhã e perguntava a si mesmo: "Se hoje fosse o último dia da minha vida, eu desejaria mesmo estar fazendo o que faço? Se a resposta for 'não' por muitos dias consecutivos, é preciso mudar alguma coisa".

Para ele, lembrar-se que em breve estaria morto era a melhor ferramenta que tinha encontrado para fazer grandes escolhas na vida. Porque quase tudo: expectativas externas, orgulho, medo do fracasso, desaparecem diante da morte. "Lembrar que você vai morrer é a melhor maneira que conheço de evitar a armadilha de temer por aquilo que temos a perder. Não há motivo para não fazer o que dita o coração. Tenham a coragem de seguir seu coração e suas intuições, porque eles de alguma maneira já sabem o que vocês realmente desejam se tornar. Tudo mais é secundário."

Naquela época, esse discurso me guiava. Eu acreditava e via "os pontos se ligando" em minha vida e já entendia o que amava fazer. Quando me olhava no espelho de manhã e fazia a tal pergunta mágica sobre a morte, inevitavelmente entendia para onde deveria seguir.

Neste período, continuava recebendo propostas para trabalhar em algumas empresas, embora eu estivesse começando a trilhar um caminho de sucesso com o meu canal. Todos os dias olhava a foto da tela mental, com as entrevistas que queria fazer e não imaginava como realizar aquilo, simplesmente usava como meta e acreditava que os pontos se ligariam para que aquilo se tornasse possível.

Até que o que parecia impossível, aconteceu. Eu tinha um amigo diplomata com quem tinha uma sólida relação profissional e pessoal. Certa tarde ele me surpreendeu com um convite: estava organizando uma conferência do Brasil em Harvard e perguntou se eu gostaria de ir.

Sem pensar duas vezes, aceitei o convite. Assistir às palestras seria uma grande possibilidade de aprendizado. Ele contou que o "convidado surpresa" seria ninguém mais ninguém menos que Warren Buffett. Naquele momento, eu sabia que iria entrevistá-lo. Existia uma certeza interna que me dava forças e nada me faria pensar o contrário. Quando externei esse desejo, meu amigo disse que talvez conseguisse me apresentar a ele, mas não me encorajou a acreditar que a entrevista pudesse ser possível.

Mesmo assim, contratei uma professora particular de inglês antes de viajar. Embora tivesse fluência, queria praticar mais caso houvesse a oportunidade de entrevistá-lo, queria conseguir dizer tudo o que tinha a dizer.

Eu sabia da aproximação do Lemann e do Buffett, mas não queria misturar as coisas e pedir para que o Jorge o apresentasse a mim.

Queria conseguir aquela entrevista por mérito próprio e aquela meta tinha se tornado uma questão de honra.

Assim que chegamos à conferência, meu amigo disse:

– Talvez eu consiga levá-la comigo ao aeroporto para buscá-lo!

Enchi-me de esperanças, mas logo em seguida meu sonho caiu por terra. Não seria naquele momento que eu o conheceria. Então, eis que, quando estávamos todos no hotel para nos dirigirmos ao local onde aconteceria a palestra, ele me chamou para irmos no mesmo carro.

Sentei ali tão nervosa que mal conseguia pensar. Estava diante do maior investidor do mundo. Naquele momento, respirei fundo e pensei: "Vou ser o que sou". Eu sabia que, quando era autêntica, as coisas aconteciam de forma mais leve. Não queria falar de assuntos que eu não dominava só para parecer mais inteligente. Não ia falar de economia ou política, então, resolvi perguntar coisas peculiares de seu dia a dia.

Sabia que ele tomava Coca-Cola sem pensar se isso podia fazer mal ao organismo e estava ótimo aos 88 anos. Por isso, saquei a pergunta, com uma curiosidade genuína:

– Como você toma tudo isso de Coca-Cola e está tão bem?

A pergunta saiu espontaneamente e todos que estavam conosco riram e ficaram constrangidos. Não era comum fazer uma pergunta como aquela, justo para o maior investidor da marca. Ele respondeu, dizendo que a Coca faria um estudo no corpo dele quando ele morresse e eu emendei:

– Eu acho que você está muito bem para quem toma tanta Coca-Cola.

Logo em seguida, quando chegamos ao evento, ficamos conversando numa sala exclusiva onde pude perguntar coisas incríveis e quando senti que existia uma conexão, perguntei se poderia entrevistá-lo. Quando ele sinalizou que sim, pedi que uma pessoa segurasse a câmera que tinha levado na bolsa com a convicção de que conseguiria e começamos a filmar. Eu sabia que ele só dava entrevistas para grandes veículos de comunicação, agendadas com antecedência e com perguntas previamente combinadas. Por isso, quando apertei o play e começamos a gravar, senti o gosto da conquista profissional. Sabia que aquele momento representava um grande feito: entrevistar um dos maiores empresários do mundo e na época o segundo homem mais rico do mundo, nos bastidores de Harvard, era mais que um sonho realizado.

Estava encantada com a simplicidade de um homem cuja fortuna era estimada em 240 bilhões de reais. E suas palavras foram tão genuínas que chegaram a emocionar.

Para ele, o segredo do sucesso era basicamente fazer o que se ama. Com ele, aprendi que o maior bem que temos na vida é o tempo. Principalmente para fazer o que realmente queremos.

Era ali, naquele instante, que os pontos se ligavam, como Steve Jobs havia dito. Eu entendia que estava onde queria, fazendo o que queria, da maneira como gostaria e aquela oportunidade tinha sido uma junção de tudo em que eu acreditava: estar na hora certa no lugar certo. Era assim que eu colhia o resultado de tudo que tinha plantado nos anos anteriores.

Ao mesmo tempo, valorizava aqueles instantes de aprendizado como únicos, já que sabia que um almoço com aquele homem já tinha sido leiloado por mais de 3 milhões de dólares.

"Procure pelo trabalho que você aceitaria se não precisasse do trabalho", ele disse, antes de falar sobre os erros. "Não me preocupo muito com meus erros. Não me deixo abalar por eles. Os maiores erros são aqueles que não cometemos. Se você tem uma grande ideia, vá em frente, sem ponderar tão duramente."

Enquanto terminava a entrevista, via o astro do futebol americano, Tom Brady, sendo cercado por seguranças e se aproximando de nós após conquistar o título de melhor jogador no Super Bowl. Minutos depois, estaria entre os dois, posando para fotos.

Para encerrar, perguntei a Buffett o que ninguém nunca havia lhe perguntado e ele tinha vontade de responder. O empresário nos deu um grande conselho:

– A coisa mais importante da vida é ter amor incondicional. Se você tem amor incondicional pelas pessoas, você chega a qualquer lugar.

Aquelas palavras me remeteram a um outro tempo e espaço. Eram parecidas com o discurso da minha mãe, que carregava um amor incondicional pelas pessoas e me ensinava, desde pequena, a dar o melhor em todas as situações, sem me preocupar se receberia algo em troca.

Engraçado como as frases mais simples, que são ditas por pessoas próximas, acabam ganhando outro peso quando são ditas por pessoas que atingiram um patamar de sucesso financeiro. Se por um lado eu celebrava um grande momento na carreira, por outro aprendi a valorizar as coisas simples da vida e, sobretudo, quem estava conectado com sua própria essência.

Já tinha aprendido a me conectar através da essência e sabia que aquele aprendizado tinha sido responsável por me levar aonde eu tinha chegado. Sabia que a autenticidade era a força que tinha me movido a conquistar as melhores entrevistas e que aquela menina de 9 anos que dançava lambada tinha crescido aprendendo a rebolar diante dos desafios.

É só sendo autêntico que você consegue perseguir com coragem aquilo que todo mundo acredita ser impossível.

Como diria dalai-lama: "Pouco importa o julgamento dos outros. Os seres humanos são tão contraditórios que é impossível atender às suas demandas para satisfazê-los. Tenha em mente simplesmente ser autêntico e verdadeiro".

Talvez esse seja o caminho mais simples para conseguirmos a verdadeira conexão. A sua verdade pode te levar mais longe do que você imagina. Pense nisso.

# AGILIDADE EMOCIONAL

– Chega dessa coisa de ser sempre positiva.

Foi com essa frase que meu marido me acordou para a vida numa certa manhã. Eu estava enfrentando um período difícil com alguns desafios na área profissional e tentava manter a minha postura positiva, mesmo com ataques de todos os lados. Tinha crescido desta maneira, acreditando que sempre deveríamos ver o copo meio cheio, em vez de meio vazio, e focar a atenção nas coisas boas, mas não estava percebendo que ter aquela atitude sempre tinha feito com que eu fizesse de conta que nada de errado acontecia ao meu redor.

Naquele dia, eu enfrentava uma situação na qual pessoas maculavam meu histórico profissional com calúnias específicas. A princípio, eu ignorava.

Sabia que muitas pessoas tinham o hábito de inventar histórias para prejudicar as demais para poderem promover a si mesmas e eu não queria me deixar afetar por essa energia destrutiva, nem me envolver com profissionais que tinham esse tipo de conduta.

No entanto, estávamos falando de tudo que eu tinha construído com meu trabalho. Projetos nos quais eu tinha colocado minha energia e tempo voluntariamente. Meu marido observava com atenção meu comportamento, tentando manter a positividade para passar por cima de tudo aquilo, mas achava que, daquela forma, eu não estava encarando os fatos.

Na época, o que ele disse soou como algo que jamais poderia dar certo. Logo eu, que gostava de emanar boas vibrações e estar de bem com a vida, deixar de ser positiva?

Fiz uma longa reflexão até entender como agir naquele momento, e quando percebi que ele tinha razão, notei que ser positiva era diferente de se acovardar diante de injustiças. Eu precisava enfrentar aqueles ataques e esclarecer as situações que me afetavam naquele momento, para poder simplesmente virar a página.

Depois de chegar a essa conclusão, reuni as pessoas envolvidas na tal fofoca maledicente e decidi não deixar aquele episódio tornar-se um mal-entendido e prejudicar a minha carreira, construída com valores sólidos dia após dia.

Hoje percebo que foi a melhor coisa que fiz naquele momento e você já deve ter se dado conta de quantas vezes já engoliu sapos em nome da política da boa vizinhança. Quantas vezes já preferiu ser a pessoa conciliadora e querida por todos, enquanto alguns tentavam puxar seu tapete ou levantavam calúnias e injustiças sobre seu nome?

Ser positivo é um desafio diário. Lidamos com inúmeros obstáculos ao longo da vida e nem sempre conseguimos manter a postura de entusiasmo e motivação frente aos ataques que surgem repentinamente.

Conforme fui crescendo, fui entendendo a medida entre enxergar a vida de maneira positiva e ignorar completamente a parte ruim dela. Para enxergar a luz, a gente precisa olhar para a sombra.

A definição junguiana de sombra é "tudo aquilo que foi reprimido durante o desenvolvimento da personalidade". Se temos uma educação na qual somos ensinados a ser gentis e bondosos, certamente reprimimos as qualidades que são a antítese disso tudo.

Só que, de tanto reprimir isso tudo, empurramos essas características para o inconsciente e nos iludimos com a falsa percepção de que somos iluminados. Quando nos deparamos com a sombra, assustamo-nos porque enxergamos quem somos de fato. Por isso, quando tomamos consciência da sombra e reconhecemos os aspectos que negamos, tornamo-nos integrais.

Se você foi "treinado" para ser uma pessoa feliz e positiva e costuma jogar toda tristeza para debaixo do tapete, acaba fazendo de conta que tristezas não existem e decepções não fazem parte da vida. Todos nós passamos por esses momentos.

Embora a sombra possa causar medo, ela nos impulsiona para a ação. Como nas histórias, os heróis só tornam-se heróis porque enfrentam os vilões. Sem a sombra, jamais seremos heróis de nossa própria história. Nossa sociedade, que quer nos fazer viver de aparências, faz com que ignoremos certas partes do "eu".

Certa vez assisti à palestra de uma psicóloga chamada Susan David, que dizia que a forma como encaramos o nosso mundo interior condiciona tudo. O pai dela morreu numa sexta-feira quando ela tinha 15 anos. Sua mãe sugeriu que ela se despedisse dele antes de ir para a escola e foi o que ela fez. Na escola, aprendia Ciências e Matemática enquanto seu pai deixava este mundo, e assim ela aprendeu a seguir sua rotina com o sorriso de sempre, sem perder nenhuma nota.

Quando perguntavam a Susan como estava se sentindo, ela respondia: "Tudo bem", e todos a elogiavam por ser forte, já que ela era especialista em estar bem. Nesse período, a vida de sua família desmoronava: sua mãe, mesmo de luto pela perda, tentava criar os três filhos e todos estavam emocional e financeiramente arrasados.

Foi então que Susan começou a afundar, usando a comida para atenuar a dor. Comia em demasia e vomitava, recusando-se a aceitar a extensão da tristeza. Ela estava inserida em uma cultura que valorizava a constante atitude positiva e era sempre admirada por seu triunfo sobre a dor.

Até que, um dia, sua professora de inglês a salvou. Olhou no fundo de seus olhos e disse: "Escreva o que está sentindo. Diga a verdade. Escreva como se ninguém fosse ler". Foi nesse momento que ela conseguiu encarar sua mágoa e dor com autenticidade.

Susan conta que aquela correspondência secreta foi uma verdadeira revolução, porque foi naquele momento que ela saiu da rigidez da negação em direção ao que agora chama de agilidade emocional.

Enquanto ouvia aquela história, lembrava-me da jovem que fui, quieta dentro de um quarto, escrevendo tudo que se passava pela minha mente e coração. Percebi que aqueles escritos podem ter sido minha cura porque fizeram com que eu enfrentasse todas as minhas sombras.

A maioria de nós prefere fugir, esconder-se, ou fingir que está tudo bem, mas, quando isso acontece, inevitavelmente jogamos "sujeira pra debaixo do tapete". Mesmo quando conseguimos perceber que é uma grande armadilha fugir desse enfrentamento, muitas vezes caímos nessa cilada do ego, para ficar "de bem" com todo mundo.

Eu estava quase fazendo isso quando meu marido disse que eu deveria enfrentar a situação, pois ela estava trazendo consequências sérias para o meu trabalho. Foi nesse momento que virei a chave e percebi que precisava colocar a raiva em movimento e transformá-la em ação.

Para Susan, se por um lado alguns adoram ficar remoendo sentimentos, presos a pensamentos ruins ou vitimizados, outros acabam reprimindo suas emoções e rejeitando-as. Em uma de suas pesquisas, ela descobriu que em um total de setenta mil pessoas, um terço julga a tristeza, a raiva e até mesmo a dor como "emoção ruim" e faz de tudo para ignorar tais sentimentos.

Fazemos isso constantemente porque a ditadura do "esteja bem", imposta pela sociedade, cria uma obrigação de fingir que socialmente estamos todos felizes.

Até quando ficaremos fingindo que está tudo bem quando estamos precisando de colo ou de descanso? Ou sorriremos num momento de dor incapacitante? Ou iremos reprimir a raiva, em vez de agir com determinação em situações que precisam de pulso firme para serem resolvidas?

Como diz a psicóloga, vivemos na "tirania da positividade" e fazemos isso o tempo todo para não mostrarmos que estamos em um dia de "bad vibe".

Guardar ou reprimir emoções faz com que elas fiquem ainda mais poderosas, e o nome disso é amplificação. É só estar de dieta para perceber: tudo que não se pode comer parece ainda mais atraente, não é? Quanto mais você escuta que não pode tal coisa, mais fica com aquilo na cabeça.

Quando ignoramos as emoções indesejadas, elas nos controlam e depois vêm à tona. É por isso que não dá para rejeitar emoções normais em favor da falsa positividade, porque deixamos de desenvolver competências para lidar com o mundo como ele é. É impossível "não sentir nada".

É fato que tudo que tentamos reprimir em nós torna-se mais forte. Foi desta forma que aprendi a reconhecer os sentimentos e ter consciência deles. Era assim que eu tinha o poder de decidir como lidar com determinadas situações.

Muitos de nós tentam ignorar o que sentem até mesmo para si próprios, racionalizando emoções. Mas para olhar para si mesmo é preciso coragem. Coragem para admitir que algo não vai bem, coragem para aceitar e conhecer a si mesmo, já que os momentos de dor fazem parte do caminho de todos nós.

Não dá para querer ficar só feliz. Precisamos aprender a enfrentar nossas dores, mesmo que seja preciso ficar dois ou três dias trancafiado no quarto chorando. É preciso respeitar o sentimento. Porque as dores emocionais que são colocadas debaixo do tapete podem surgir de outras formas em outros momentos da vida.

Ninguém cresce se não mostra a própria vulnerabilidade. Se tivermos a "coragem de sermos imperfeitos", como diz a autora Brené Brown, conseguiremos dar um passo além, porque o dia a dia exige resiliência para que possamos suportar os altos e baixos e surfar nas ondas do imprevisível.

Poucos têm a coragem de enfrentar o vazio, as noites escuras, os medos, as tristezas. A maioria prefere ir ao efeito e não à causa, aplacando a sensação, sem olhar para o que está ferindo. Quando enfrentamos uma dor, começamos a entender do que se trata.

Só conseguimos ser positivos de verdade quando encaramos as nossas sombras e colocamos a raiva e a tristeza para fora, sem reprimir os sentimentos que precisam ser encarados. Sem essa postura, jamais desenvolvemos nossa saúde emocional, porque não sabemos conciliar a necessidade de expressar emoções com o desejo de proteger os outros.

Quando nos reprimimos, não somos espontâneos e vamos envenenando-nos pouco a pouco.

Hoje em dia vejo, além de pessoas que vão sobrevivendo aos trancos e barrancos com medicamentos de uso controlado para depressão, pessoas que não conseguem ouvir "não".

Claro que é triste e chato ouvir "nãos" pela vida, e quando os ouvimos, precisamos olhar com sinceridade e entender o quanto aquilo nos incomodou para que possamos virar a página. Só que a maioria das pessoas simplesmente ignora as consequências de um não e a frustração que ele causa, e segue feito um trator pela vida.

Quando eu tinha 16 anos, tinha o desejo intenso de estudar fora em uma escola na Suíça. Convenci meus pais de que aquilo era um excelente investimento e estudei muito na tentativa de ser aceita na escola, porque o inglês precisava ser impecável.

Depois de meses de imersão nos estudos, fiz a prova e no dia que recebi a carta do colégio, abri um grande sorriso: era minha oportunidade e meu sonho finalmente iria se realizar. Coração batendo forte, entrei no quarto, sentei-me na cama, quase sem conseguir conter lágrimas de emoção.

Para minha surpresa, a carta trazia um "não". Eu não tinha sido aceita na tal escola. Aquela rejeição doía no fundo da alma, porque se tratava de um sonho. Era o que eu mais queria naquele momento, sendo negado.

Comecei a chorar inconsolável e peguei rolos de papel higiênico. Quando minha mãe chegou ao meu quarto, eu tinha um balde de papel ao meu lado. Tinha chorado exaustivamente desde o momento em que abrira a carta.

Encontrando conforto em seus braços, chorei e reconheci que aquele não tinha sido o momento para realizar aquele sonho, mas não descartei a tristeza nem ignorei que estava profundamente devastada com aquela rejeição. Senti aquele pesar durante três longos dias nos quais mal tinha forças para levantar da cama. Era como se a tristeza tomasse conta de todo meu corpo.

Depois de senti-la em todas as células, percebi que era hora de transformar aquele sonho. Já que eu não tinha sido aceita na escola na Suíça, tentaria estudar em Londres, onde poderia fazer um intercâmbio cultural.

A grande sacada foi perceber que quando acontece algo ruim em nossas vidas ou algo que não podemos controlar, como um "não", temos que processar aquilo. É necessário aprendermos a processar as dores antes de passar por cima delas.

Óbvio que aos 16 anos não foi fácil entender isso. Eu fiquei mal na época. Mas aprendi a sentir e transformar aquela dor.

Nos meses seguintes, fiquei buscando alternativas para ir estudar em Londres e realizar o sonho de morar fora. Sabia que precisava estudar mais. Quando consegui, o gosto foi de vitória. Morei em uma casa de família, aprendi a me virar sozinha, andar por um local desconhecido e tive meses maravilhosos de aprendizado.

E o que agilidade emocional tem a ver com isso? É que agilidade emocional é a capacidade de estarmos sintonizados com as nossas emoções com curiosidade, compaixão e coragem para que possamos agir de acordo com nossos valores.

Claro que às vezes bate um medo danado de enfrentar aquilo que estamos sentindo. Medo, ansiedade, tristeza, principalmente. Mas temos que aprender que a coragem é o medo em movimento e não a ausência de medo. E em vez de jogar o medo para baixo do tapete, tentar entender que precisamos ir com medo mesmo.

O empresário Jack Ma, fundador do gigante AliExpress, considerado o homem mais rico da China, contou em um Fórum Econômico Mundial, na Suíça, que já passou por rejeições inimagináveis para chegar aonde chegou. E quando vemos pessoas dessa magnitude contando que só chegaram onde estão porque foram capazes de ressignificar a rejeição e continuar, apesar dela, conseguimos lidar melhor com as nossas próprias frustrações.

Ele conta que quando trabalhava em um restaurante de fast-food, estava concorrendo a uma vaga para trabalhar como fritador de frango. Era como se o emprego estivesse garantido, já que seriam necessários vinte e três profissionais e havia apenas vinte e quatro concorrendo às vagas.

A probabilidade de ele conseguir o emprego era enorme. Mesmo assim, ele foi o único que não conseguiu. Foi o único a ficar de fora.

Agora, imagine que a frustração deve ter sido sua companhia por muito tempo depois desse episódio, mas não foi só essa rejeição que ele contabilizou. Também tentou entrar em Harvard dez vezes e foi rejeitado. Por causa de tantas rejeições, sua determinação reforçou-se para o sucesso e o fez ter resiliência, o que ele acredita ser um dos grandes ingredientes para o sucesso.

Perceba que a capacidade dele de lidar com problemas ficou maior, porque de tanto sofrer rejeições, e saber que isso aconteceria a vida toda, não criava tantas expectativas nem reagia negativamente às decepções.

Jack Ma, que fundou sua empresa em 1999, dentro de seu apartamento, e tem uma fortuna pessoal avaliada em 46 bilhões de dólares, levou 6 anos para completar o ensino fundamental e só conseguiu entrar em uma universidade mediana.

Foi depois de muitas frustrações que ele conheceu a internet, durante uma viagem para os Estados Unidos, em 1995. Em uma de suas primeiras experiências na web, procurou a palavra cerveja e não encontrou nenhum resultado vindo da China. Foi assim que ele criou sua primeira empresa, com o propósito de desenvolver sites para companhias locais que conseguissem vender produtos on-line para o exterior.

Logo depois disso, criou um site com a ideia de conectar vendedores e clientes em um comércio global, sem fronteiras, que atendesse bem a médios e pequenos empresários. Nesse período os investidores não acreditaram no projeto e ele buscou seu próprio financiamento.

Pois é, e a história não para por aí. Desde então, ele buscou investimentos, ouviu muitos "nãos" e recebeu outros investimentos de milionários, como o cofundador do Yahoo!, Jerry Yang. Hoje, o homem que recebeu dez "nãos" de Harvard, um "não" para ser fritador do KFC e demorou tantos anos para concluir os estudos, conta com uma cadeia de empreendimentos que vale bilhões.

O que ele tinha de diferente? Ele sabia lidar com a rejeição, trabalhar aquela derrota e voltar a tentar. A perseverança de Jack, mesmo quando estava diante de adversidades constantes, fazia dele uma pessoa resiliente para não desistir. E você? Como você lida com o não? Como lida com a rejeição?

Porque mais cedo ou mais tarde, ela virá.

Hoje é comum vermos pessoas que não são capazes de ouvir um "não" porque são inábeis emocionalmente.

É triste, é chato e ninguém quer levar um "não", mas temos que entrar em contato com o fracasso ou com as decepções da vida e processá-las quando acontecem. Só quando somos capazes disso, conseguimos seguir adiante.

Desde que mergulhei no universo do autoconhecimento, trabalho constantemente para manter as energias física, mental, espiritual e emocional em equilíbrio. Além de encarar as situações e não fugir delas ou tentar mascará-las, faço terapias complementares para cuidar da minha energia através dos florais de Bach, do Reiki, frequento lugares para cuidar da parte espiritual e não renunciei à prática da meditação, com uma professora especializada. É primordial que todo empreendedor, profissional, pai ou mãe de família estejam atentos a isso: que a vida exige que cuidemos da saúde mental, espiritual e emocional constantemente. Conseguir conectar-se consigo mesmo, em silêncio, pode fazer com que você descubra o propósito do que está fazendo. Sempre meditei antes de ir para uma reunião de trabalho ou para conhecer algo novo: eu me conectava com minha essência e refletia "o que me fará fazer isso?". A meditação me trouxe benefícios tanto ao organismo, quanto à mente. Ela alinhava meu coração com minhas intenções, fazendo com que eu tirasse todo o lixo mental que estava acumulado pelo excesso de pensamentos.

À medida que nos comprometemos a evoluir, entendemos que se estamos engajados em um trabalho ou profissão com algum propósito, temos a missão de modificar aquele universo no qual estamos inseridos, mesmo que seja por meio de uma autoconsciência que pode inspirar e despertar os demais.

Para se destacar hoje em qualquer mercado não é só necessária competência técnica. As habilidades emocionais, a inteligência espiritual recém-descoberta e a inteligência relacional são absolutamente necessárias.

Meu termômetro para saber se estou transformando de verdade a vida das pessoas são os tipos de comentários que vejo nas redes após a produção intensa de conteúdo. Muitos relatam que assistem a meus vídeos para ter motivação ou ideias e isso me dá um ânimo ainda maior pra continuar. Não por vaidade, mas por saber que estou contribuindo para a mudança na vida de alguém.

Algumas semanas antes de escrever este livro, palestrei no mesmo evento que o israelense Uri Levine, cofundador do Waze, maior aplicativo de tráfego do mundo. Ele é famoso por sua frase: "Criar uma start-up é como se apaixonar. Mas apaixone-se pelo problema que você quer resolver e não pela solução que você deu para ele".

Ao conversar com o Uri, percebi como é vital que todo empreendedor tenha simplicidade e humildade. Nenhum dos grandes empresários que já conheci saem pronunciando seus grandes feitos. A maioria deles fala sobre a empresa e sobre o que os motivou a criar um negócio bilionário.

Além disso, em comum, a maioria tira lições dos fracassos. O próprio Uri disse que os empreendedores que já passaram pela experiência do fracasso têm cinco vezes mais chances de serem bem-sucedidos numa segunda tentativa, comparados aos iniciantes.

Eu acredito que quando erramos, temos a possibilidade de encontrar novos caminhos e recalcular a rota, como o próprio Waze faz conosco quando estamos perdidos.

Há algum tempo caí numa grande cilada e fui contratada por uma marca para fazer um post. Como sou influenciadora digital, pesquisei sobre a marca e notei que outras celebridades já tinham participado de campanhas da mesma, então topei o trabalho.

Dias depois, descobri que a empresa estava envolvida em uma atividade ilícita e aquilo me deixou profundamente desconfortável. Tirei o post do ar e pedi desculpas para os seguidores da rede social, mas aprendi muito com o episódio. Depois disso, passei a ter muito mais cuidado com as marcas às quais iria atrelar a minha imagem, fazendo uma profunda investigação sobre princípios e valores das mesmas, para não correr o risco de levar para as pessoas algo que pudesse prejudicá-las.

Na parte profissional, quem acha que tudo veio fácil não sabe das enrascadas em que já me meti em busca de emprego. Logo no começo da carreira, quando sonhava em trabalhar numa certa empresa de cosméticos, pedia para todo mundo me indicar e, quando recebi a ligação de uma pessoa que se dizia um recrutador, fiquei exultante.

O salário oferecido era dez vezes mais do que eu ganhava e a promessa era maravilhosa. Pela descrição da vaga, tudo indicava que era a tal empresa de estética que eu adorava e perseguia. Logo, a recrutadora da agência de empregos disse que eu precisaria pagar cerca de 4 mil reais para garantir a vaga, e aquele dinheiro seria descontado do meu primeiro pagamento.

Sem pensar duas vezes, passei o cartão e quando saí de lá para contar do meu feito para meu pai, ele me alertou de que aquilo parecia ser um golpe. "Você não lê jornal, Patricia?"

Como um balde de água fria, percebi que tinha caído em uma grande cilada e corri para fazer os trâmites com o banco e denunciar a empresa. Era, de fato, uma agência falsa.

A questão é que, com o tempo, depois de tantas quedas, puxadas de tapete, golpes de todos os lados, a gente vai criando uma certa blindagem e tem medo de que as pessoas que se aproximam simplesmente queiram tirar proveito de algo.

A sacada é conseguir transformar esses momentos em que nos sentimos temporariamente derrotados e diagnosticar o que precisamos mudar para seguir em frente. Essa é a atitude positiva que precisa ser adotada e não uma crença cega de que tudo vai dar certo, mesmo quando todos os pratos estão caindo ao redor.

Assumir que somos vulneráveis, erramos, caímos e podemos chorar antes de levantar e seguir em frente é uma habilidade emocional necessária e só podemos contar com a coragem de mudar o que precisa ser mudado quando sentimos na pele a dor de enfrentar momentos que não imaginávamos que poderiam acontecer com a gente.

Você certamente já percebeu que a maioria de nós chega à idade adulta sem qualquer habilidade emocional para lidar com conflitos de todas as espécies. As escolas nos preparam para entender álgebra e química, mas não nos tornam capazes de saber lidar com emoções como a frustração, o medo ou a tristeza.

Eu era uma criança que não gostava de estudar e tive que fazer supletivo para fazer sexta, sétima e oitava série em um ano, porque tinha repetido duas vezes. Ficava bem mal, sentia-me um peixe fora d'água, trancava-me no banheiro na hora do recreio e sofria demais com a situação. Depois que corri para recuperar o prejuízo, acabei enfrentando algo de que não gostava e aprendendo que certas coisas poderiam me beneficiar profissionalmente. Por isso não poupei esforços depois de adulta e fiz seis pós-graduações.

Mesmo assim, sei que nenhuma pós-graduação nos torna aptos a fazer escolhas e só percebi isso quando me vi noiva, com casamento marcado, convites quase prontos e decidi terminar o relacionamento por não ter certeza de que aquela era a pessoa com a qual queria dividir a minha vida. Foi neste dia, quando arquei com as consequências de uma decisão bem difícil que tomei na vida, e lidei com comentários de pessoas que me diziam para pelo menos tentar "pra não fazer feio". Pessoas que se importavam mais com o que os outros iam achar da minha atitude do que com o que eu realmente sentia.

Por isso eu digo e repito: a sociedade é conivente demais com máscaras. Fingir tornou-se tão comum que quando tomamos decisões que seguem as batidas de nosso coração, não encontramos tantas pessoas que nos apoiam. Seguir o próprio coração nos faz seguir a nossa rota única, que é diferente da que os outros esperam que sigamos.

Se você está trilhando um caminho para agradar sua família, amigos ou ficar bem nas fotos, reflita a respeito, porque o preço quem paga é você, quando se deita infeliz no travesseiro, sem experimentar a sensação de ter a alma vibrante.

Na época em que terminei o noivado, ouvi sobre pessoas que se casavam para ter uma boa vida ou ter filhos, e muitos me aconselharam a não continuar solteira com a idade que eu tinha. Foi tão perturbador perceber a mentalidade de muitos que me cercavam, que entendi, finalmente, porque tantas pessoas eram infelizes em seus relacionamentos. Eram tão pobres de espírito que só tinham dinheiro para ostentar, mas não tinham uma vida que os fizesse sentir a verdadeira alegria de estarem vivas.

Algumas pessoas estão trabalhando dentro de empresas, infelizes, e falam mal do lugar, sem experimentar modificá-lo ou dar o melhor de si para receberem o melhor do outro. É evidente que, dentro do trabalho, precisamos fazer muitas coisas das quais não gostamos e, se elas não se chocam com nossos valores, precisamos honrar o salário ou a remuneração pela qual fomos contratados.

Já tive reuniões com esses novos jovens da dita "Geração Y" que cresceram ouvindo que deveriam fazer o que amavam, mas não respeitavam quem conquistou o posto de liderança nas empresas onde estavam e acreditavam que tinham sempre ideias melhores.

No trabalho, muitas vezes precisamos fazer o que precisa ser feito, mesmo sem vontade. Para se ter direitos, primeiro precisamos nos lembrar dos deveres. Deve-se perguntar como ajudar, como agregar e entender que, para chegar a algum lugar, é necessário trilhar um caminho que trará aprendizado.

Hoje, muitos jovens pulam de uma empresa para outra ao menor sinal de insatisfação ou frustração. Não enfrentam os problemas e jogam tudo para o alto em qualquer período de instabilidade, por menor que seja.

Para crescer, na vida, temos que aprender a navegar em tempos de tempestade, de maré ruim, para desfrutar da calmaria que vem depois. Dizem que bom marinheiro só se faz em tempo ruim e essa é uma grande verdade. Não dá para abandonar o navio ao menor sinal de nuvens surgindo no céu.

Ser positivo de verdade é olhar a bússola, conferir o tempo e seguir adiante, apesar do tempo ruim, sem ignorar a força da natureza que pode nos derrubar. E, se cair, não desistir. Porque as quedas serão inevitáveis e só depois de muitas delas podemos dizer que sabemos enfrentar o que parece impossível, porque se elas trazem algo de bom, é essa sensação de que se já superamos tanta coisa, conseguimos seguir adiante com uma ventania.

# ENERGIA E ESSÊNCIA: A DUPLA DE SUCESSO

– Mas é claro que seu pai conheceu o Bill Gates quando ele veio para o Brasil!

Foi com esta frase que minha avó me pegou desprevenida. Estar com o Bill Gates era um dos meus sonhos, inclusive tenho a foto dele colada junto à minha em uma tela mental que eu tinha feito para que pudesse realizar o sonho de entrevistá-lo para meu canal. Minha avó insistia em dizer que meu pai o conhecia e eu não acreditava que fosse verdade. Afinal, quem ia conhecer o Bill Gates e não contar para todo mundo?

Cheguei em casa desconfiada, acreditando que minha avó tinha se confundido, quando perguntei ao meu pai:

– Pai, a vovó disse que você conhece o Bill Gates e esteve com ele quando ele esteve no Brasil...

Ele levantou os olhos e confirmou a suspeita.

– Verdade, estive. Por quê?

– Você esteve simplesmente com um dos homens mais conhecidos do mundo e não diz nada?

Eu estava impressionada, principalmente, com a maneira reservada e discreta com a qual meu pai conduzia sua vida profissional. Como ele era uma das pessoas que eu mais admirava profissionalmente, tentava entender a razão pela qual agia daquela maneira e a cada descoberta ficava ainda mais fascinada com a maneira extraordinária com a qual ele se dedicava ao trabalho.

Minha avó também contava que, quando ele era jovem, era ajudante de um professor na universidade, e, quando se formou, convidou o tal professor para almoçar em sua casa. Assim que o professor entrou ali, ficou surpreso.

– É aqui que o Fernando mora?

Minha avó respondeu com espanto que sim e ele continuou, perplexo:

– Nunca imaginei que ele tinha uma vida assim... Pensei que ele era uma pessoa que não tinha nem dinheiro para comer... De tanto que ele batalha!

Minha avó sempre dizia aos netos que aquele foi um dos maiores elogios que recebeu na vida, porque provava como meu pai era trabalhador, independentemente das condições de vida que o favoreciam.

Em minhas veias corre a energia de batalhar incansavelmente assim como meu pai sempre demonstrou, e também gosto de acreditar que carrego uma centelha do sangue empreendedor de meu tataravô Geremia.

Meu tataravô, Sr. Geremia Lunardelli, nasceu na Itália e desembarcou no Porto de Santos quando ainda tinha 2 anos, e antes de se tornar um adolescente, foi colono, carroceiro e sitiante. Aprendeu a escrever por conta própria e antes dos 30 anos já se tornava um agricultor conhecido na região.

Conforme o tempo foi passando, ele ia aumentando seu patrimônio enquanto enfrentava dificuldades, como grandes geadas que acabavam com tudo. Através de alguns empréstimos conseguiu atravessar os anos de crise até conquistar o posto de "Rei do Café" e possuir dezoito milhões de pés de café espalhados por suas propriedades.

Depois de se tornar famoso por seu plantio de café, o nome dele inspirou o personagem Geremia, na novela *O rei do gado*, e até hoje, quando me lembro dessa história, penso no quanto devo honrar essas raízes e me orgulho de ter na família essa história para contar: de alguém que criou um império praticamente do zero.

Minha avó era uma de suas trinta e seis netas e sempre nos contava essa história quando destacava também as qualidades de meu pai. Cresci ouvindo essas trajetórias de vida, acreditando que sempre seria possível começar algo do zero. Coincidência ou não, logo que comecei a trabalhar tinha vontade de pegar projetos que ainda estavam no papel e colocar a minha energia neles para que pudessem se concretizar. Em pouco tempo, aquela se tornava uma de minhas principais habilidades. Eu trabalhava em start-ups que estavam começando e colaborava para que pudessem decolar. Geralmente as coisas só davam certo depois que eu me apaixonava pela ideia. Caso contrário, se fosse difícil convencer a mim mesma a acreditar na ideia, jamais conseguiria apostar nela, buscar investidores ou simplesmente trabalhar no projeto.

Hoje, sei que se você coloca uma energia vibrante em um projeto, sempre dá um jeito de viabilizar o que precisa ser feito. Quando é algo que você quer de verdade, consegue fazer, seja o que for e independentemente de quais dificuldades possam existir no caminho.

Talvez essa tenha sido uma das minhas primeiras descobertas na área profissional: sempre que eu fazia algo em que eu acreditava, o resultado era certeiro. Se eu ousasse apostar em um projeto que não tinha muito a minha cara, mas acabava sendo convencida por alguém a participar, as coisas desandavam e eu me lembrava do momento em que minha intuição tinha dito para não ir adiante.

Não sei se você já usou a sua intuição nos negócios, mas a maioria dos grandes empresários e investidores que já entrevistei e com os quais trabalhei são as pessoas mais intuitivas que já conheci na vida. Suas grandes visões de negócio ou realizações vieram de uma inteligência espiritual desenvolvida através de uma conexão interior.

As grandes chaves do poder interior que fazem com que qualquer pessoa seja capaz de realizar grandes feitos vêm da chama e da energia internas que se movem em direção a algo que desejamos com intensidade.

Muita gente acha que algumas pessoas têm mais facilidade que as outras para concretizar projetos. De fato, parece que alguns são dotados do famoso "toque de Midas" e tudo aquilo em que colocam a mão, inevitavelmente, dá certo.

Meu tataravô não tinha estudo ou qualquer condição e conseguiu batalhar até realizar seu sonho de ser o "Rei do Café". Meu pai, que começou como assistente do professor quando jovem, sem mencionar que não tinha qualquer tipo de privilégio social, aos poucos foi ganhando notoriedade até se tornar, por mérito próprio, um dos maiores consultores na área de tecnologia de informação e estratégia, professor titular renomado e diretor geral de uma das mais importantes escolas de administração da América Latina.

Cada um, de sua maneira, conquistou aquilo que seu coração pedia. Uma das coisas que faz uma pessoa ter sucesso naquilo que ela gosta de fazer é justamente a energia que ela injeta no projeto em questão. Eu não estou falando de horas de trabalho, estou dizendo que quando acreditamos em algo, emanamos um brilho no olho que nos faz destravar qualquer porta que esteja emperrada dificultando o acesso ao que queremos.

Muitos, que trabalham só pelo dinheiro, dificilmente conquistam os mesmos resultados daqueles que tiveram ideias sem qualquer investidor e acreditaram tanto nelas que conquistaram quem estava ao redor.

Com as pessoas também é assim: você já deve ter encontrado gente que se veste com grifes famosas dos pés à cabeça e é esteticamente impecável, mas que não brilha e parece vazia por dentro. E por outro lado, pessoas com uma roupa simples, muitas vezes fora do padrão de beleza imposto, com uma luz diferente, que quando chegam a qualquer lugar atraem a atenção de todo mundo.

Esse brilho não se compra em loja. Essa energia, dinheiro nenhum no mundo é capaz de fazer você ter. Ou vem de dentro, ou você passa a vida tentando se fantasiar de alguma coisa para ter o mínimo de atenção.

Os negócios também funcionam assim. Um grande projeto tecnicamente perfeito apresentado com um software sofisticado e show pirotécnico pode perder a concorrência para um que foi rabiscado num guardanapo de papel, mas que foi apresentado por alguém com um brilho no olhar ou um coração verdadeiro.

Poucos sabem, mas o coração é cerca de cem mil vezes mais forte eletricamente e até cinco mil vezes mais forte do que o cérebro magneticamente. E o mundo físico (como nós conhecemos) é feito desses dois campos: campos elétricos e magnéticos de energia.

No fundo, o que é de verdade sempre agrada mais, porque conquista pelo coração, atrai atenção pela essência e se torna mais atraente por ser o que é, sem pretensão de ser outra coisa.

Acredito que para "persuadirmos" alguém com nossa ideia não precisamos de qualquer esforço. Precisamos simplesmente acreditar no que estamos dizendo. A energia que geramos quando acreditamos sinceramente no que "vendemos", seja uma ideia ou um produto, quebra qualquer barreira de rejeição. Pode acreditar.

A maioria de nós traz essa força interna, mas poucos a desenvolvem verdadeiramente. É o que alguns chamam de estrela, brilho – algo que faz parecer que a pessoa está em outra frequência, vibrando em outra intensidade.

É curioso como hoje as pessoas estão tão conectadas com novas tecnologias que se afastam da verdadeira tecnologia que pode conectá-las com o inimaginável. Há pouco tempo, estive num curso com Gregg Braden, que é reconhecido internacionalmente como um pioneiro na ciência que liga sabedoria antiga ao mundo real. Ele mostrou como essas tecnologias estão atrofiando nosso cérebro e nossa intuição. Tudo está dentro de nós e acabamos perdendo.

As descobertas que Gregg apresentou durante o curso mostram que a capacidade emocional vai ser a habilidade mais importante do futuro, já que, em alguns anos, seremos capazes de fazer download de informações através de chips conectados em nosso cérebro.

Isso quer dizer que os seres humanos estão se tornando robôs e cada vez mais usam técnicas e esquecem o sentimento, a energia e aquilo que os torna únicos.

Estamos com tanta tecnologia que nos afastamos desse GPS interno que é uma espécie de sabedoria do coração. Isso quer dizer que as pessoas começarão a se diferenciar pelo aspecto humano.

A coerência do cérebro com o coração pode inclusive ser regulada quando fazemos três minutos de meditação e respiração por dia, pensando em algo que gere emoções de gratidão, compaixão ou amor. Dessa forma temos como nos conectar com nosso próprio coração.

A ciência já descobriu que dentro do nosso coração há um cérebro. Um fato curioso ocorreu quando relataram a experiência de uma mulher que teve o coração transplantado. Ela tinha um sonho recorrente com uma pessoa atacando-a. Anos depois ela desenhou o tal sonho e descobriu que o coração tinha sido de uma pessoa assassinada exatamente da forma como ela relatava. O que essa descoberta revelou? Que mesmo que a gente morra, o nosso coração guarda informações porque nele estão hospedados nossos sentimentos. Por isso há coisas que a gente sente que não consegue provar.

A linguagem da emoção humana ocorre de maneira simples. Sabemos que nosso corpo, ao experimentar emoções, processa mudanças químicas e alteramos nosso pH quando vivemos experiências positivas de amor, compaixão e perdão. Estas mesmas emoções que nos dão poder dentro do nosso corpo, estendem sua força no mundo quântico, para além do nosso corpo. É quando mudamos nosso DNA, porque quimicamente mudamos nossas células, e isso faz com que, no exterior, as circunstâncias mudem.

Em outras palavras: quando pensamos e sentimos algo, criamos um campo de energia que faz com que as pessoas sintam exatamente a mesma sensação que nós. Ou você nunca percebeu pessoas que chegam a um lugar e mudam a energia do local com seu entusiasmo e presença? Ou o contrário: pessoas que, ao chegarem, fazem todo mundo perder a mesma energia?

Podemos contagiar positivamente os lugares ou contaminar negativamente. Essa escolha só nós podemos fazer e, quando a fazemos, devemos manter esse compromisso com nós mesmos. Não adianta querer externar uma energia boa e viver reclamando da vida ou querer ser positivo só no discurso e, no fundo, acreditar que é uma vítima do mundo.

Esse "protagonismo" na vida é basicamente assumir a responsabilidade pelo seu estado de energia. Depois que fazemos isso, o resto inevitavelmente acontece. Você já deve ter ouvido aquele ditado: "Cuide do seu jardim que as borboletas virão". Muita gente vive caçando borboleta e nunca consegue pegar nenhuma. Vive a vida frustrado, sem perceber que, para atraí-las, é preciso cuidar do jardim. Esse jardim são nossas emoções e nossa energia. É fundamental fazermos sua manutenção constantemente para que possamos atrair tudo aquilo que queremos de positivo em nossas vidas, seja no âmbito pessoal, profissional ou em relacionamentos amorosos.

Os resultados que surgem em nossas vidas dizem mais a respeito de nós mesmos do que imaginamos. Essa possibilidade sugere que somos mais que simples observadores da vida. Quando a observamos em abundância material e espiritual, tanto nos relacionamentos quanto na carreira, podemos estar contemplando o reflexo de nossas crenças mais verdadeiras e também mais inconscientes.

Costumo brincar que "energia não mente". Muitas pessoas com sorriso no rosto tentam nos convencer de coisas que intuitivamente sabemos não ser exatamente aquilo que está sendo dito.

Eu mesma já caí em ciladas quando passei por cima do meu "detector de energia" que me dizia ter alguma coisa errada com tal pessoa, projeto e situação. Quando eu ia adiante, contra a essência que fazia o meu radar acender, bingo: em pouco tempo, a pessoa ou situação se "mostrava" como realmente era.

Acontece que, nos dias de hoje, em um piscar de olhos, acompanhando as redes sociais, perdemos a conexão com nossa essência e vamos distanciando-nos do nosso poder interior. De que forma fazemos isso? Comparando-nos com fulano ou sicrano ou querendo ser o que não somos para parecer mais importantes para quem está vendo de fora.

Quanto maior essa distância vai ficando – entre quem somos de verdade e quem "parecemos ser", mais vamos acreditando que precisamos de coisas de "fora" que nos façam felizes. Quantas pessoas você conhece hoje que parecem ocas e vazias por dentro? Que estão fazendo as coisas mecanicamente, sem brilho, sem qualquer centelha divina ou poder pessoal? Essas pessoas estão tão afastadas da própria essência que até quando encontram possibilidades incríveis de crescimento profissional e pessoal, acabam colocando tudo a perder. Você já deve ter tido contato com gente que sempre que se envolve em determinados projetos, parece contaminar tudo negativamente e fazer com que aquilo que parecia certo dê errado.

Ao mesmo tempo, vemos pessoas que pegam situações aparentemente sem solução e fazem a coisa dar certo e a engrenagem rodar. Em uma empresa, em um projeto falido, em um evento. Já presenciei isso dezenas de vezes. Como explicar esse fenômeno?

De onde vem esse poder de encantar e persuadir que alguns parecem emanar? De contagiar e criar?

O empresário Jorge Paulo Lemann, que já citei aqui algumas vezes, diz que com frequência entrevista pessoas para determinados cargos e muitas delas são tecnicamente perfeitas para ocupá-los. No entanto, falta o que ele chama de "brilho no olho".

Por outro lado, quantas pessoas conhecemos que nem têm tantos cursos e aptidões, mas têm garra para aprender e correr atrás das habilidades?

Temos que aprender como lidar com os outros. Eu tinha facilidade em produzir, convocar presidentes de empresas, captar patrocínio, permutas e ainda entrar no palco com a energia em alta. De tudo que eu fazia, a maior dificuldade era sempre lidar com pessoas que estavam indispostas a colaborar.

Hoje eu sei que qualquer projeto ou empresa é feito de pessoas. Elas podem fazer projetos, eventos e empresas prosperarem ou naufragarem. O projeto mais perfeito pode terminar mal nas mãos do pessimista e, por outro lado, aquilo que tem tudo pra dar errado pode dar certo quando alguém determinado se dispõe a colocar sua energia.

Também não há como "encantar" em uma reunião ou em um palco, se você não cuidar da sua energia. Você precisa trabalhar a si mesmo no seu dia a dia para não ir perdendo o vigor. Existem várias coisas que você pode fazer durante sua vida para não perder o caminho até sua essência.

Eu acredito que quando estamos conectados com a nossa essência, conseguimos todas as respostas de que precisamos para que possamos nos sentir seguros, porque sabemos que existe algo maior cuidando de tudo e ficamos conectados com nossa matriz divina.

Quando for verdadeiro, quando encontrar sua essência e identidade, assumindo seu poder interior, poderá encantar, persuadir, fazer sonhos se tornarem realidade, encontrar o grande amor que quer atrair e realizar tudo aquilo que deseja, seja na vida profissional, na vida pessoal ou onde desejar. O que vai fazer você ter um "superpoder" é assumir a si mesmo.

Vou dar um exemplo prático e aparentemente bobo de como a vida traz o que queremos e precisamos sem que tenhamos que nos preocupar. Um dia antes de escrever estas páginas, minha irmã foi até minha casa e mencionou que seria bom que eu comprasse um incenso de sálvia branca para "limpar a energia" da casa. Pois bem: fiquei com aquela dica na cabeça e pensando no tal incenso. Eis que, no dia seguinte, recebi uma visita e a pessoa me trouxe um incenso de sálvia branca, dizendo que ia comprar de outro tipo, mas quando viu aquele, teve vontade de levar para mim.

O que pode parecer uma simples coincidência, para mim é a prova de que precisamos estar conectados o tempo todo e vigilantes ao que projetamos através da nossa mente. Temos o poder de atrair aquilo que queremos e precisamos e também aquilo que tememos e odiamos. Isso acontece por causa da energia que emanamos.

Portanto, qual energia você anda emanando? O que está atraindo para sua vida?

## O SEGREDO DA ABORDAGEM INFALÍVEL

Você já reparou como é o relacionamento entre casais? Quando um vai atrás, liga, fica no pé, o outro geralmente se afasta.

Todos nós já fomos vítimas do "chiclete" e também já cumprimos o papel de "perseguidores", tanto nos relacionamentos quanto na vida profissional e, por isso, sabemos o que cada tipo de atitude pode provocar no outro.

Em geral, quando mostramos sutilmente um certo desinteresse, acabamos tornando-nos mais interessantes para quem está do outro lado. Isso acontece tanto nos relacionamentos quanto na nossa vida profissional. É diferente de chegar em uma reunião desesperado para vender um projeto, por exemplo. Claro que, na vida, todo mundo tem que pagar conta. Como dizem os memes da internet: "os boletos não param de vencer..." e, no trabalho, muitas vezes precisamos bater metas, mas a arte é saber como lidar com essa pressão interna e não deixar que ela exploda no colo do cliente, afastando-o por completo.

Já lidei com pessoas absolutamente desesperadas para fechar negócio, e você pode até se lembrar de quando entra em uma loja e o vendedor te aborda. Você literalmente se arma para se proteger, como se ele quisesse arrancar algo de você. Por mais que você tenha a intenção de compra, tenta se esquivar de alguma forma. Em muitos casos, acaba deixando de entrar na loja por causa da abordagem de alguns vendedores que não conseguem disfarçar estarem famintos pela comissão.

A primeira coisa que penso quando vou para uma reunião é: "O que posso fazer para que as pessoas que estão aqui se sintam melhores?", e isso é muito diferente de pensar: "O que posso tirar das pessoas que estão aqui?". A intenção muda tudo, inclusive a nossa energia, que dá o tom da abordagem.

Alguns acham que é uma diferença sutil, mas eu acho que chega a ser palpável. Todo mundo consegue "farejar" alguém que não tem real interesse nas pessoas e só liga para os benefícios que ela própria poderá ter com os projetos.

Nas vendas, muita gente também age de forma desesperada. Chega afoita para conseguir o que deseja e acaba afastando quem poderia atrair para perto.

Tanto nos negócios quanto nos relacionamentos, quanto mais você deixar fluir, mais verdadeira ficará a relação. Sempre faço esse paralelo entre vida profissional e relacionamentos. Também gosto de lembrar que a sensibilidade feminina pode agregar muito nos negócios, e que grande parte dos homens não consegue sair do "racional" em muitas situações nas quais as mulheres, geralmente, têm muito mais jogo de cintura e *feeling*. A intuição pode ser treinada quando ficamos com o radar atento para aquilo que nossos sentidos apontam. Tomar decisões baseadas na intuição é algo que vários empresários, celebridades e empreendedores fazem, mas muitas vezes não conseguem discernir o momento que tiveram aquela sutil vontade de seguir determinado caminho, e não outro.

A persuasão tem coisas pequenas que devem ser respeitadas e precisamos entender a medida certa entre "ter atitude" e distanciar-se. Em uma conquista, quando o pretendente fica "marcando muito em cima", geralmente o outro acaba fugindo como um animal acuado. Ao mesmo tempo, em uma transação comercial, quem tenta fechar negócio de qualquer jeito acaba afastando o cliente em vez de conseguir o que quer.

Atitude é quando mostramos que estamos abertos a algo sem forçar a barra.

É assim quando temos um parceiro comercial, é assim quando temos um parceiro no relacionamento. Cuidar é diferente de sufocar.

A postura ao chegar em uma empresa também muda tudo. Uma vez, uma amiga chegou a uma entrevista de emprego para uma vaga que tinha exatamente o perfil dela. Ela era qualificada o bastante para a vaga, mas sua postura e suas palavras diziam o quanto precisava daquele emprego.

A pessoa que selecionava ficou na defensiva. Minha amiga estava praticamente implorando pelo emprego e aquela atitude, em vez de cativar, afastou quem poderia contratá-la.

Se minha amiga tivesse focado sua energia em valorizar seus pontos positivos em vez de implorar por aquela vaga, dizendo o quanto precisava daquela oportunidade porque seu dinheiro estava escasso e ela estava cheia de dívidas, a pessoa que estava diante dela certamente teria reagido de outra forma.

Em vários momentos da minha vida eu também tentei abordagens desesperadas e, quando comecei a ter um pouco mais de experiência, entendi o que era uma postura mais adequada. Foi nessa época que passei a me observar mais e a me conectar comigo mesma.

Mais uma vez, faço o paralelo do relacionamento: quando a gente não está bem, aceita qualquer coisa. Seja no trabalho, seja na vida. A pressa para alguma coisa dar certo é tão grande que podemos colocar tudo a perder e escolher o primeiro que aparece – emprego ou namorado – sem muito critério ou sem se perguntar: "Isso é o que eu procuro para a minha vida?".

Já tive reuniões com empresas que pareciam ser legais, e quando eu chegava lá, via que os valores não tinham sinergia alguma com meu projeto. Ia adiantar atrelar minha imagem a tal marca mesmo assim, quando o meu produto não tinha nada a ver com o projeto?

Em negociações, muita gente age com a mentalidade da escassez, pensando: "Vou perder o cliente se dispensá-lo", em vez de confiar no Universo e pensar que pode atrair algo bem melhor e mais conectado com o seu propósito.

Em alguns momentos da vida, enviei propostas comerciais para empresas relacionadas a trabalhos que eu desenvolvia na época e esperava resposta. Claro que temos que trabalhar com *follow-up* e acompanhar se existe algo que impediu que o negócio se concretizasse, mas, quando não acontece espontaneamente, não adianta forçar. Não é mais uma ligação ou e-mail que fará a pessoa do outro lado mudar de ideia.

O mesmo acontece nos relacionamentos e na vida profissional. Lembre-se sempre disso.

Abordagens erradas acontecem por todos os lados, desde cantadas malsucedidas e propostas absurdas, a pedidos descabidos pelo *inbox* das redes sociais. Todos os dias lido com mensagens de pessoas que acreditam que têm a ideia mais genial do mundo e me pedem para apresentá-la ao bilionário ou ao empresário X ou Y, como se eu fosse uma secretária virtual.

Se você deseja aproximar-se de alguém importante, primeiro leia sobre algum projeto em que esta pessoa atua ou ofereça-se para agregar algo em sua vida.

Também é importante saber o que se quer fazer. Tenho um amigo empresário que diz que muitas pessoas chegam até ele e dizem: "Eu trabalho em qualquer coisa, no que você quiser, mas quero trabalhar com você". Ele diz que geralmente não quer essas pessoas por perto, porque quer pessoas que saibam o que querem, saibam sua área de atuação e em que são boas.

Outros não se valorizam e aceitam qualquer condição de trabalho ou comercial. Existe uma linha que separa a resiliência da falta de amor-próprio.

Já que estamos fazendo um paralelo com relacionamentos, vale lembrar que é a mesma coisa quando estamos disponíveis para alguém e tornamo-nos burros de carga que aguentam qualquer mau humor, qualquer migalha de afeto, sem colocar limites para as situações abusivas.

Relações abusivas existem em quaisquer ambientes e elas geralmente acontecem quando não nos valorizamos e começamos a suportar pequenas e cotidianas agressões.

Temos que saber o nosso valor porque os outros só nos valorizam quando nós nos valorizamos. A pergunta é: como você se vê? Você vai convencer alguém a te contratar se não acredita no teu próprio potencial? Vai mostrar para alguém que vale a pena estar do seu lado se você mesmo não acha que vale?

Há algum tempo eu li o livro *O ativista quântico*, do estudioso Amit Goswami. Nessa época eu já estava estudando Física Quântica e fiquei fascinada pelo trabalho dele. Decidida a conseguir uma entrevista para o meu canal que nem tinha estreado, viajei até o Rio de Janeiro para conhecer o Amit pessoalmente.

Lá houve palestras e vivências sobre a mudança de energia através do padrão vibracional do som e exercícios práticos com o Amit. Quanto mais ele falava, mais encantada eu ficava. Então, quando acabou o curso, aproximei-me da pessoa que o assessorava no Brasil e expliquei sobre o meu projeto de criar um programa.

Mas em vez de "pedir uma entrevista" pura e simplesmente, convidei-os para um jantar na minha casa, em São Paulo, e eis que, na semana seguinte, minha família recebia-os, e minha mãe tinha preparado especialmente para a ocasião um cardápio todo brasileiro. Depois do jantar, sugeri que gravássemos uma entrevista.

Abordagem infalível é quando existe uma conexão de verdade, como falamos no primeiro capítulo. Não dá para querer tirar frutos de um terreno que não foi adubado por tempo suficiente, ou que você não tinha regado e cuidado. É necessário respeitar o tempo da colheita para sempre semear bons frutos.

## BUSQUE A SUA FÓRMULA DE SUCESSO E PARE DE COPIAR OS OUTROS

Você já deve ter ouvido falar do Michael Phelps, um nadador que conquistou trinta e sete recordes mundiais, além do maior número de medalhas de ouro olímpicas em uma única edição do evento.

Quem já o viu nadar percebe o seu diferencial: ele sempre nada olhando para a frente, enquanto o segundo lugar geralmente está atrás de Phelps olhando para o lado, querendo saber a distância que os separa.

Na internet, depois de ver uma das fotos que circulou pelo mundo, do segundo lugar olhando para Phelps a sua frente, refleti sobre como muitas pessoas passam a vida toda olhando para o lado em vez de tentar conquistar o pódio.

São aquelas pessoas que tentam enxergar onde o outro está para poder alcançá-lo, nunca se conformando com a posição em que estão. Mas, quer saber uma coisa? Você nunca será o primeiro olhando para o outro. Cada pessoa é única.

Sempre que vejo alguém dizendo que quer fazer igual ao fulano ou que "tal coisa dá audiência", replico que o que dá audiência é ser você mesmo.

Outro dia um amigo comentou que humor dava audiência no YouTube e mencionou o Whindersson Nunes. Eu comentei que o que dá audiência ao Whindersson é ele respeitar seu estilo próprio e, por mais que alguém tente copiá-lo, ninguém será igual a ele.

Você não copia um talento. No máximo, pode aprender com quem já trilhou um caminho e aplicar o que deu certo ajustando ao seu negócio ou segmento. No empreendedorismo vejo acontecer a mesma coisa que acontece com as mulheres e os blogs de moda: sabe quando a mulher vê uma roupa que fica incrível no corpo de outra, compra e aquilo vira um desastre no próprio corpo?

Pois é, no empreendedorismo acontece a mesma coisa. As pessoas buscam a fórmula do sucesso no negócio do outro para encaixar no próprio negócio, mas quer saber de uma coisa? Você tem que buscar a sua própria fórmula.

As pessoas mais geniais que conheço construíram suas próprias fórmulas e não copiaram de ninguém. Os maiores empreendedores do mundo criaram coisas do zero a partir de inspirações próprias.

Se para criar alguma coisa nossa, copiamos o que o outro faz, não desenvolvemos o que temos porque sempre estamos tentando copiar o outro. Para se destacar na vida, você precisa fazer aquilo que acredita e ponto final, e não apenas porque está na moda.

Muitas pessoas não respeitam mais a si próprias e acabam enquadrando-se em padrões para dar conta de tudo. Todo mundo "tem que" ser mais produtivo, "tem que" se submeter a uma vida que não corresponde a nenhuma lógica e ninguém se dá conta de que romper com tudo isso é que é o grande grito de liberdade.

Cadê a liberdade de ser quem você é se está robotizando-se cada vez mais tentando ser o que o novo guru diz que precisa ser? Não dá para usar a mesma fórmula para todo mundo e eu vou te dizer uma coisa: não é todo mundo que nasce com o mesmo perfil. Eu e meus irmãos, por exemplo, nascemos do mesmo pai e da mesma mãe e somos diferentes, devemos respeitar essas diferenças e aprender com essa diversidade.

Um cirurgião plástico famoso me contou que toda semana chegam pacientes querendo copiar o "perfil" de uma famosa. O discurso dele é sempre o mesmo: seu perfil é diferente do dela. Mesmo que façamos uma cirurgia plástica, não vai ficar harmônico com seu rosto.

Só que as pessoas querem aquele perfil, que aparentemente é o mais curtido nas redes sociais, e em vez de valorizarem o que elas trazem de especial e único, querem copiar o outro.

No empreendedorismo e no mundo dos negócios ocorre a mesma coisa: a pessoa não pergunta se aquele tipo de negócio tem a ver com o dela e sai incorporando o discurso, como se todo mundo vivesse dentro da mesma realidade.

Hoje, entramos nas redes e todo mundo ensina como ficar mais bonito, como ficar mais sarado, como fazer a melhor maquiagem. Ninguém fala sobre como ser mais conectado consigo mesmo, como ser uma pessoa mais grata. É esse o tipo de conteúdo que acredito e fico feliz em compartilhar no meu canal!

Muitos me aconselham a fazer um programa para ensinar as pessoas a terem mais dinheiro, e eu respondo que não faço porque não acho que isso trará mais felicidade.

Quando eu estava na faculdade, tínhamos que apresentar um trabalho de conclusão de curso e vários alunos estavam pensando em impressionar a banca de jurados. Eu sabia que poderia ser criticada, mas resolvi fazer uma coisa diferente do que todo mundo ia fazer. Gravei diversos episódios dos programas do Jô Soares e da Marília Gabriela e editei um programa como se eu tivesse sido convidada para um bate-bola com a Marília e uma apresentação musical com o Jô.

Enquanto o Jô Soares dizia: "Agora, a maior estrela da música brasileira", eu entrava no estúdio da faculdade, em uma interpretação da Ivete Sangalo, que ensaiei na aula de canto especialmente para apresentar naquele dia.

Depois, gravei todas as respostas para a Marília Gabriela e editei de tal forma que parecia que eu tinha participado dos programas.

Hoje olho para trás e vejo que talvez não tivesse coragem de fazer de novo, mas sei que só tive sucesso no trabalho porque fiz algo que tinha a minha cara, não poupei esforços e nem tive vergonha de ouvir críticas.

O vídeo ficou rodando pela faculdade e eu só colhi os frutos porque arrisquei fazer algo diferente do que as pessoas fariam na época.

Vejo que cada vez mais as pessoas buscam em cursos o que não conseguem encontrar dentro delas. É curso disso, curso daquilo e eu pergunto: "Em que isso vai te desenvolver?".

Pare de procurar respostas fora e olhe para dentro de si. Quando você se conhecer de verdade e respeitar quem é e o que gosta, sem trair a si mesmo fazendo coisas que vão contra seus princípios, sua vida vai mudar. Disso, tenho certeza.

### ONDE DEVO COLOCAR MINHA ENERGIA?

Quando comecei a escrever este livro, estava decidida que iria colocar energia no projeto. Seriam três meses ininterruptos nos quais eu dedicaria minha atenção, minha mente e meu tempo para escrever, como fazia quando era mais jovem e ficava enfurnada com as agendas dentro do quarto.

Enquanto estava relembrando as histórias, fui entendendo que era importante expressar a maneira como eu encarava meus desafios pessoais e profissionais.

Nesse período, tive muitas descobertas. A primeira e mais importante delas foi saber que estava grávida. A descoberta de uma gravidez é algo mágico e único na vida de um casal. Imaginar que eu seria mãe me trouxe uma nova perspectiva das coisas e sempre que lidamos com algo que impacta nossas emoções, reestruturamos toda nossa escala de valores.

Ser mãe não seria apenas um rótulo. Tornar-me mãe faria de mim outra pessoa. Eu sabia que desde o primeiro instante em que sentisse minha bebê dentro de mim, as coisas imediatamente mudariam. Conforme contei para a família, todos ficaram entusiasmados e preocupados com o meu bem-estar.

Enquanto todos pensavam em como seria a bebê, eu já tratava de repensar as minhas prioridades. Ao mesmo tempo que aquele era um sonho realizando-se, eu estava com o pé no acelerador na vida profissional e precisava dar um jeito de diminuir o ritmo.

Parei durante alguns minutos e olhei para a minha agenda. Seria praticamente impossível continuar naquele ritmo intenso de trabalho e compromissos durante a gravidez. Percebi que era hora de desacelerar e mudar o foco.

Fiz uma nova lista do que seria prioridade naquele momento. No topo da lista estava minha filha, que ainda nem tinha nascido, mas que precisava do meu melhor agora. Comecei a perceber que a gravidez me tornava mais sensível que o normal e entendi que era um período de oscilação hormonal, no qual muitas mulheres entravam em outra sintonia. Isso fez com que eu sentisse a necessidade de me preservar.

É importante olhar para si mesmo na vida e entender se é hora de dedicar tempo para si. Nem sempre nos damos esse presente. Muita gente coloca a carreira sempre em primeiro lugar e depois paga o preço na saúde, na vida pessoal ou familiar. Temos que ser sinceros e olhar para a vida como um todo para não descuidar dos aspectos mais importantes, porque não dá para rebobinar e fazer diferente depois. A decisão tem que ser tomada na hora.

Foi curioso porque na mesma época eu teria um evento badalado e importante em Harvard. Sabia que ali haveria contatos profissionais interessantes. Para minha surpresa, o que era prioridade total meses antes, ficou em segundo plano.

Estava ansiosa pelo evento, já tinha me organizado para ir, convidado algumas pessoas e quando me dei conta estava olhando para aquela viagem como algo que não merecia tanta atenção quanto o período pelo qual eu estava passando, que precisava ser de recolhimento.

Conscientemente, fiz uma escolha e decidi que não iria ao evento.

Nem sempre nos damos a oportunidade de olhar para dentro e buscar as respostas que precisamos. Deixamos o vento conduzir o barco sem que tenhamos a autonomia da direção que seguiremos e isso pode ser perigoso.

Quantas vezes você investiu tempo, energia e dinheiro em coisas, eventos e situações que iriam gerar pouco retorno ou que simplesmente poderiam ficar para depois? Quantas vezes não se deslocou para lugares para ver, ser visto e fazer coisas que não precisavam de sua energia naquele momento?

Quando eu tomei a decisão de não comparecer em um simples evento, mudei a direção e o destino da minha vida, porque estava comunicando para o Universo o que realmente importava para mim naquela fase.

Dadas as devidas proporções, muitos de nós acabam querendo estar em todos os lugares e fazendo tudo o tempo todo com o mesmo entusiasmo. Depois se frustram quando não conseguem ou quando sofrem perdas significativas em determinadas áreas da vida.

Hoje se sabe que o estresse pode causar um aborto natural nas primeiras semanas de gravidez e, mesmo assim, muitas vezes não cuidamos da saúde como deveríamos nesse período.

Independentemente de uma gestação, muita gente também acaba prejudicando a própria saúde por conta do ritmo acelerado do trabalho em determinadas ocasiões. Já vi empresários dando-se conta disso quando perderam a saúde ou quando viram que a relação familiar estava seriamente comprometida.

A questão que eu quero levantar aqui é que muitos empreendedores querem estar em todos os lugares, gastam energia, tempo, dinheiro e não sabem priorizar o que é importante.

Recebo cerca de quatro convites de eventos por dia e entendo que em alguns momentos pode ser estratégico comparecer a alguns deles, mas o empreendedor precisa saber se portar diante desses inúmeros convites, eventos, cursos e palestras, entendendo que nem sempre é necessário estar em todos os lugares.

Acho essencial sabermos o que as pessoas estão fazendo, frequentar feiras, fazer network além de modelar os grandes players do mercado e entender as estratégias por trás de tudo, no entanto, é aquela velha história: quando ficamos tentando mirar nos outros, esquecemos de mirar em nós mesmos.

Se ficamos buscando referências fora de nós não conseguimos nos conectar com o que precisa ser feito, e então ficamos que nem aquele nadador que só chega em segundo lugar porque olha para o primeiro colocado nadando na frente dele.

Hoje sei que escrever meu livro é um projeto importante, a gravidez está acima de qualquer projeto e que o canal requer minha atenção, já que é ele que movimenta a minha empresa e meu faturamento. Mas também sei que eu quero me cuidar, ir à academia, namorar e viajar com meu marido e tenho vários papéis sociais e profissionais para exercer ao mesmo tempo.

Isso não quer dizer que eu vá simplesmente ficar em casa e cancelar tudo. Eu preciso tomar atitudes que me movimentem na direção que quero ir.

É um desafio saber ponderar o que não podemos negligenciar e o que pode ficar em segundo plano. No final do ano passado eu criei um Caderno da Gratidão, que comercializo no meu site, e nele existe uma agenda onde podemos colocar as nossas metas mensais. Mês a mês eu pergunto a mim mesma onde devo colocar a minha energia. Às vezes repenso por semana.

Por que acredito que seja importante redefinir as metas semana a semana ou mês a mês? Justamente porque, em alguns momentos, o seu corpo pede mais descanso que o normal, ou mais cuidados, ou você precisa simplesmente ajustar o foco.

Outro dia acordei cedo em pleno sábado determinada a me exercitar na academia. Essa era a minha meta do dia. No entanto fatores externos impossibilitaram que isso fosse possível. Três das academias que visitei estavam fechadas e, enquanto eu fazia uma cobertura ao vivo pelo Stories do meu Instagram, as pessoas duvidavam de que depois de dar com a cara na porta de três academias eu persistiria no meu objetivo.

Só que se a minha meta era cuidar da saúde naquele momento, eu colocaria energia naquilo. Então, fui caminhar perto de casa e fiz quarenta minutos de caminhada dando voltas no quarteirão em vez de voltar para casa e ter a desculpa perfeita por ter desistido da academia.

O que acontece hoje é que quando decidimos algo, não sustentamos nossa decisão e colocamos a culpa pela nossa desistência nos fatores externos. Seria fácil dizer que não tinha feito exercício porque as três academias estavam fechadas e me colocar na posição de vítima dos eventos? Sem dúvida. Mas a partir do momento que eu coloco algo como importante, não posso simplesmente desistir daquilo porque o mundo não contribuiu para que eu fizesse da maneira como eu desejava.

Tive que adaptar a meta? Sim. Em vez de ir à academia, caminhei na rua, mas não joguei tudo para o alto porque o local onde eu tinha determinado que ia treinar estava de portas fechadas. Eu cumpri a meta parcialmente da maneira que seria possível naquele momento.

As condições nem sempre estarão favoráveis para que você cumpra as metas que determinou para si naquele momento, mas o que importa é que você faça o seu melhor para cumpri-las. A única coisa que podemos controlar é a nossa atitude e nada além disso.

76

Somos peritos em criar desculpas que nos desviam de nossas metas.

Saber dizer não para algumas coisas é saber dizer sim às suas prioridades. Dizer não para o evento incrível em determinado momento. Dizer não para a televisão, dizer não para o crepe com Nutella que o marido está comendo no café da manhã quando você está determinada a fazer dieta.

Muita gente acredita que a gestação seja a fase em que a mulher deve comer por dois e eu discordo: é justamente nesse período que a criança está se desenvolvendo, criando um organismo todo a partir dos nutrientes ingeridos pela mãe. Sabendo desta responsabilidade, vigio constantemente o que vou ingerir, onde vou estar e com qual energia vou me envolver durante a gestação.

Logo que engravidei, contratei uma nutricionista focada em alimentação de gestantes. Foi um investimento? Sem dúvida, mas eu acredito que é um investimento que me trará excelentes benefícios. Já que eu vou colocar foco e energia nesse aspecto da vida, sei que é um momento que precisa de decisões compatíveis com o que quero.

Assim como estou gerando uma vida dentro de mim e terei essa prioridade durante nove meses, você já deve ter tido projetos em que precisou se concentrar em períodos específicos da vida e nos quais investiu tempo, energia, dinheiro e atenção. O que compensa, no final, é o resultado: no meu caso, a saúde do bebê que estou gestando. Em um projeto, você vai colher os resultados à medida que for plantando. Assim como quando você se concentra na ideia de perder peso: o tal "projeto verão" de bastante gente que muitas vezes não sai do papel.

As pessoas querem ter o corpo perfeito, mas acreditam que ele é como miojo e fica pronto em três minutos. Não entendem que precisam dedicar horas a exercícios e à alimentação para que possam enxergar a silhueta que imaginam em frente ao espelho.

Quando eu era mais nova, estava muito acima do peso e tive que desenvolver a disciplina para emagrecer com saúde. Entendi que era hora de colocar como meta ter o corpo que eu sonhava e foi assim que deixei o papel da menina vítima que não pode comer doce para ser a protagonista da história, que ingere exatamente aquilo que faz bem para seu organismo. Foi desse jeito que eu aprendi que estava sob meu controle ter o corpo que eu queria e se eu decidisse me comprometer com aquele sonho, bastava me dedicar e colher os resultados depois.

Ganhei saúde e perdi quase trinta quilos na época. Não adianta só fazer dieta no dia que comerem alface na sua frente. Eu aprendi isso: cozinho, faço pizza, acompanho meu marido nas orgias gastronômicas dele, mas sei o que devo e o que não devo comer e sigo à risca aquilo a que me disponho. Se você quer emagrecer, precisa saber que é hora de focar na alimentação e nos exercícios. Não dá para deixar os outros definirem o que é importante para você.

Ter foco é saber onde colocar a sua energia, como e quando.

Hoje vivemos em uma era onde as pessoas têm dificuldade de escolher onde colocar energia porque as opções são infinitas. Tudo pipoca o tempo todo querendo te distrair do foco. Abrimos o Instagram e a impressão que temos é a de que todo mundo está fazendo algo mais importante que nós ou está em algum lugar imperdível.

Isso, muitas vezes, causa a sensação de que ficamos para trás. Só que se temos a consciência de onde queremos estar, quando e com quem, isso para de acontecer. Nós conseguimos definir as prioridades na nossa vida e criar agendas para elas.

Sempre precisaremos fazer escolhas com consciência e deixar de lado opções que parecem atraentes. Essa é a vida. Não adianta focar na frustração de não estar em determinados locais. Eleja onde quer estar e siga a sua intuição, mesmo que ao olhar para as mídias sociais você tenha a sensação de que perdeu algo. Quando fazemos escolhas a partir desse GPS interno, sabemos intuitivamente que não perdemos nada e sim que demos mais um passo na direção do objetivo que estabelecemos para nós.

É claro que nem sempre tive essa clareza. Consegui discernir o que era importante e prioridade com bastante treino. Como sou muito "fazedora", não paro nada até que eu consiga alcançar meu objetivo.

É desafiador deixar tantas coisas de lado quando temos algo que demanda nossa atenção, mas a maioria das coisas com as quais me comprometo a fazer, faço até o fim.

Enquanto escrevia este livro, cheguei a cem mil inscritos no YouTube, uma marca histórica para um canal que fala de empreendedorismo e autoconhecimento. Mesmo tendo ouvido de muita gente que esses assuntos não despertariam qualquer interesse na plataforma de vídeos, insisti e coloquei durante anos a energia necessária para realizar o que queria, e fazia isso com consistência, mesmo que os vídeos dessem pouca ou nenhuma audiência. Sabia que os frutos do meu trabalho seriam colhidos aos poucos.

Eu queria que o canal fosse visto, tivesse um faturamento relevante e que transformasse as pessoas que o assistissem, só que entendia que precisava dedicar toda minha energia para ele até conseguir colher os resultados e isso não acontece do dia para a noite. Em nenhuma empresa é assim. Atropelamos o "processo gestacional" das coisas o tempo todo. É como querer que o bebê nasça sem estar pronto. Não adianta; ele não vai respirar direito.

Quando vemos o resultado de qualquer projeto, parece que foi fácil e que o sucesso veio do dia para a noite, mas quantos "nãos" enfrentamos ao longo do caminho? Quantas portas na cara? Quantas vezes tive que descobrir uma coragem lá dentro para arriscar certas atitudes?

No caso do canal, demorou até que eu pudesse entender qual seria a linha do conteúdo que eu abordaria e o tom dado aos vídeos, sem perder a minha autenticidade. Recentemente criei um produto digital direcionado para quem quer abrir sua primeira empresa, e a teoria na qual fundamentei o curso é baseada nos 5 P's. Paciência, perseverança, persistência, paixão e o P de Patricia.

Esse último P é tudo aquilo que eu digo. É colocar a alma, o caráter, ser leal, ser verdadeiro, não passar por cima de ninguém. Muitas pessoas pensam na parte operacional e técnica dos projetos antes de partirem para a realização e se esquecem de que o fundamental é agir com paciência, persistir, apaixonar-se pelo projeto e estar conectado ao coração, como sempre digo e já discorri a respeito neste livro. A inteligência do coração que nos torna autênticos, humanos, conscientes e únicos é o que nos distingue das máquinas e é o que nos fará sobreviver não somente na selva do empreendedorismo, como na vida.

Na verdade, quando decidimos onde devemos colocar a nossa energia e estamos dispostos a fazer algo, precisamos acreditar naquilo que estamos dispostos a fazer "apesar de". Ouvi de muitas pessoas, quando criei o canal, que ser YouTuber não era profissão. Muitos disseram que eu poderia ser CEO, ou ter um cargo de liderança em uma grande empresa, que tinha feito seis cursos de pós-graduação e tinha tempo de mercado suficiente para abrir outro tipo de negócio ou empresa, mas desde que tomei a decisão, sustentei-a e fui até o fim.

O que não podemos é fazer algo porque aquilo está na moda ou começar alguma coisa e parar porque não tivemos o resultado que queríamos na primeira semana. Muita gente não coloca consistência na ação e, sem ritmo, nem bicicleta sai do lugar.

Para todos os projetos que você colocar em prática, vai rolar o bicho da insegurança e da autossabotagem querendo desviá-lo daquele caminho, mas é diariamente que devemos alimentar os nossos sonhos, senão, ficamos parados no mesmo lugar reclamando que a vida não foi legal com a gente.

Sofremos com os sabotadores todos os dias querendo nos tirar o foco, mas, acredite: foco é treino e eu entendi isso porque senti na pele que, se não fosse focada, nenhum projeto sairia do papel na minha vida. Nenhum mentor me ensinou isso: descobri com as experiências que foram tentando me desviar do foco e com a minha persistência em acelerar na direção deles "apesar de".

Ou você faz aquilo que está disposto a fazer ou vai passar o resto da vida inventando desculpa para justificar sua inércia. Para entrar em ação, a primeira coisa a identificar é se você está no piloto automático.

Se queremos resultado, precisamos colocar nossa energia e também saber que, no meio do caminho, surgirão atividades que precisam ser cumpridas, mas de que não gostamos. Se você quer outro resultado no corpo e no trabalho, vai ter que se movimentar, ou seja – agir.

A pergunta é: que ação tomarei para conseguir chegar aonde quero? E quando não sei que ação me faz chegar ao resultado desejado, preciso testar uma diversidade delas até entender qual é a certa – sendo que a certa, para mim, pode não ser a ideal para você. É necessário individualizar a ação focada em seu objetivo específico.

Tenha clareza sobre aonde você quer chegar. Desta forma, fica mais fácil identificar o caminho a ser trilhado, onde colocar energia, de que forma enfrentar os obstáculos e sustentar a atitude para progredir em direção aos seus objetivos.

Como dizia Nietzsche: "Só se pode alcançar um grande êxito quando nos mantemos fiéis a nós mesmos", e essa é uma verdade universal. Seja fiel a você mesmo – que o resto é consequência desta única ação.

# NÃO COMPRE O SONHO DOS OUTROS

Às vezes começamos o ano com o caderninho dos sonhos repleto de listas. Sabemos na ponta da língua o que queremos, mas, conforme os meses vão passando, começamos a enfrentar um grande desafio: os outros.

Já reparou como "os outros" sempre têm uma sugestão para a sua vida? Você tem a intenção de fazer algo, mas alguém te vê de outra maneira e sugere uma coisa completamente diferente para você, muitas vezes, sem ao menos te conhecer direito.

Certa vez, em determinado momento do meu canal, tive uma consultoria que me aconselhou a fazer algo que era completamente contrário à minha essência e ao que eu buscava. A solução vinha travestida de "isso dá audiência e vai te levar mais rápido para um milhão de inscritos".

A pessoa em questão não imaginava que eu preferia cem mil pessoas inscritas que enxergassem a Patricia de verdade do que uma imagem criada para conquistar um milhão de seguidores. Só que muita gente, por trás do perfil, faz o contrário: cria um personagem para agradar o público e faz exatamente aquilo que dá audiência.

É só reparar na onda de assuntos repetidos que você encontra na timeline e nos vídeos. Ou quando aquela sua celebridade preferida de repente começa a abordar um assunto que nunca fez parte do repertório dela, só porque tal tema dá repercussão ou audiência.

Desta forma, nos desvirtuamos dos nossos sonhos: geralmente, a aproximação externa chega de repente e vem com uma proposta sedutora que massageia nosso ego e nos faz pensar que poderíamos trilhar um outro caminho: o mais fácil. Aquele caminho, em vez de nos aproximar do nosso objetivo, acaba nos distanciando ainda mais dele.

Como falei no capítulo anterior, é preciso foco para saber aonde se quer chegar, porque sempre existirão pessoas que tentarão desvirtuar você no meio do percurso para que siga pela trajetória que elas acreditam que vai ser legal para você.

Outra maneira de comprar o sonho dos outros é seguir influenciadores digitais como fanáticos por time de futebol. Já vi pessoas mudando a vida porque compraram um discurso de alguma página ou influenciador e isso pode ser perigoso, porque o que serve como solução para um pode não servir para outro.

Poucos contam que para fazer o que se ama e colher resultados com o que se ama, tem que ter muita resiliência para lidar com o que não se quer e, na grande maioria das vezes, investir anos de muita dedicação e trabalho. Muitos jovens compram o sonho de que empreender traz liberdade, autonomia de tempo, independência financeira e muitas vezes acabam queimando todo o dinheiro do investidor numa tacada só porque não sabem que existe a parte ruim do negócio.

Depois de lidar com muitos empreendedores natos e conhecer a rotina de cada um deles, aprendi que empreender não é para todo mundo e você precisa se conhecer de verdade para entender que tipo de trabalho tem a ver com você e não cair em cilada.

Eu escolhi o canal porque queria ter autonomia de tempo e liberdade geográfica, queria que quando eu ficasse grávida, pudesse respeitar meu ritmo, mas sabia que precisava fazer o negócio acontecer e, enquanto isso, tinha que trabalhar muito, investir dinheiro, tempo e fazer inúmeras atividades paralelas de que não gostava, mas que precisavam ser feitas.

Sei quanto tenho que faturar e sei quanto tenho que trabalhar para ter o faturamento que está estampado na minha agenda, mas, até chegar ali, engoli muito sapo, trabalhei incansavelmente e persisti até mesmo quando parecia que a coisa nunca ia andar.

Falo e repito no meu canal que ser empreendedor não é para todo mundo. Pode ser bonito ver o *lifestyle* e o palco de um empreendedor de sucesso? Sem dúvida. Mas quem não tem perfil para empreender acaba comprando o sonho dos outros, abrindo uma empresa, queimando dinheiro e frustrando-se sem ter nenhum retorno financeiro.

Quem é dono de negócio, qualquer que seja o tamanho dele, vive uma vida de altos e baixos, e se você é uma pessoa que só consegue dormir à noite com uma conta bancária linear, saiba que não é no empreendedorismo que você vai conquistar isso.

Para rentabilizar um negócio, fazê-lo com consistência e coerência, você precisa olhar para ele como um trabalho e saber que, como em qualquer trabalho, tem a parte boa e a parte ruim. Empreender não é um hobby. É preciso entender a burocracia das coisas, encarar o faturamento, impulsionar vendas e ainda desenvolver habilidades que você nem imaginava que precisava ter.

Mais uma vez voltamos ao ponto central da questão: se você está conectado à sua essência, não fica copiando moda ou querendo fazer outra coisa para se sobressair e obter resultado mais rápido. Você continua na sua trajetória de maneira consistente, sabendo que mesmo que o seu tempo seja diferente, vai colher algo que seja resultado do que você acredita e não dormirá frustrado porque comprou a ideia de alguém e no final das contas traiu a si mesmo.

Nós somos massacrados todos os dias por uma corrente que nos faz acreditar que "ter" vale mais do que "ser" e quando não sabemos quem somos, talvez seja mais fácil "termos", porque queremos "ter" mais coisas para suprir esse vazio interior.

Para que você tenha uma vaga ideia do que estou falando, é só lembrar do exemplo dado por um ex-diretor de marketing de uma empresa durante um evento de que participei. Ele disse que os jovens de 15 anos de classe média alta no Brasil já tiveram em média oito celulares.

Essa troca constante de aparelho acontece porque eles querem ter o último modelo, porque, nas rodas de amigos, quem tem mais status é quem tem o aparelho mais novo ou caro. Essas crianças crescem com a ideia de que a felicidade reside nesse "status" e vivem para impressionar os outros.

Muitos adultos que conheço são como esses jovens: vivem para impressionar os outros. O pior é que muitos influenciadores digitais estão tão preocupados em criar uma realidade que não existe que essa autopromoção exagerada acaba criando efeitos inversos: é comum no meio digital e no meio de influenciadores famosos ver pessoas de carne e osso infelizes por trás da tela do celular. Elas criam uma falsa realidade para convencer todo mundo de que vivem em um conto de fadas e esquecem de viver.

O resultado dessa catástrofe que é criar uma vida de fantasia para mostrar que teve sucesso é o alto índice de suicídios entre jovens e empresários que preferem renunciar à própria vida a admitir o "fracasso" diante da sociedade.

Cuidado ao comprar o sonho dos outros. Quem deve pautar a sua vida é você.

### "O CAMINHO VAI SE MOSTRAR"

Certa vez eu estava preocupada com uma questão específica relacionada ao meu trabalho. Era um momento no qual eu precisava tomar uma decisão e não tinha a menor ideia de como decidir o que era melhor naquele momento.

Sempre fui muito intuitiva, mas ouvi a parte racional, e naquele dia nada de ter qualquer *insight* a respeito. Então, meu marido disse: "Fica tranquila, o caminho vai se mostrar".

Fiquei surpresa com aquela frase e, depois de refletir e esperar, percebi que eu queria tomar uma decisão complexa demais antes do tempo e precisava esperar a maturação das coisas. Só que é uma linha tênue – ao mesmo tempo que temos que agir e fazer nossa parte, conduzindo nossas vidas para a direção que queremos, precisamos confiar em uma inteligência superior que guia nosso caminho.

Há algum tempo comecei a ler sobre inteligência espiritual, e se você acha desnecessário, saiba que até em Harvard tem curso sobre o tema agora. Eu sempre fui defensora da inteligência emocional e sei que não adianta a pessoa ser um gênio se ela não souber lidar com as emoções, mas quando percebi esse terceiro quociente que nos ajuda a lidar com questões essenciais, percebi que ali residia a chave para uma nova era também no mundo dos negócios.

A física norte-americana Danah Zohar, autora do livro *O ser quântico*, diz que a inteligência espiritual aumenta nossos horizontes e disso não tenho dúvida. Muitos chamam essa inteligência de "Ponto de Deus", e ela acredita que quando colocamos nossos atos e experiências em um contexto mais amplo de sentido e valor, somos capazes de criar uma vida com mais sentido.

Conforme desenvolvemos a inteligência espiritual, conseguimos solucionar problemas com mais facilidade, entendendo de fato quais nossos valores e o que nos faz agir da maneira que agimos.

Quando estamos conectados a essa inteligência, tomamos decisões que são direcionadas pela alma integrada ao coração. E já reparou como é difícil tomar esse tipo de decisão, justamente porque vai contra toda a maré?

O mercado corporativo entendeu isso só agora pois percebeu o número de profissionais com a saúde física, mental e emocional destruídas. Foi assim que a espiritualidade chegou aos negócios e levou um sentido maior e mais profundo às coisas.

Quando me conecto com essa inteligência, confio em uma inteligência superior e na capacidade do meu quociente espiritual de discernir isso. Eu literalmente "jogo para o Universo" e espero uma resposta, confiando que tudo vai sair da melhor maneira possível e agindo em direção ao objetivo.

Se confio que o caminho vai se mostrar, simplesmente faço o meu melhor e espero que ele se mostre.

Como diz Deepak Chopra em *As sete leis espirituais do sucesso*, olhando o comportamento das células do nosso corpo, podemos observar a mais extraordinária e eficiente expressão da genialidade e inteligência da natureza.

Muitas vezes na vida temos que confiar nessa inteligência e esperar o tempo de maturação das coisas em vez de querer decidir tudo antes do tempo e ansiar por respostas imediatas. Ao mesmo tempo que precisamos fazer a nossa parte, em alguns momentos, precisamos entender que nem sempre o caminho será aquele que estávamos imaginando que iríamos trilhar.

Certa vez, por insistência minha, de tanto querer tirar um projeto do papel, acabei envolvendo-me profissionalmente com uma pessoa que não estava alinhada a meus valores e quase perdi toda a minha credibilidade com tal parceria. Quando descobri a índole da pessoa, fiquei mal e me senti traída, mas depois percebi como tinha sido bom saber logo a verdade. Isso fez com que eu trilhasse outro caminho, mais consistente e sólido.

Só conseguimos aprender isso com maturidade – que não tem a ver com idade. Maturidade para esperar, ter calma, paciência e entender quando devemos insistir e quando devemos entender que não está sob nosso controle.

Às vezes, temos que nos adaptar às coisas. Não no sentido de aceitar o que acontece de ruim e não fazer nada a respeito, mas percebendo quando é hora de não agir tanto.

Tanto para mim quanto para qualquer pessoa que gosta de "ser resolvedor de problemas", é um desafio e tanto esperar que o caminho se mostre. Mas depois de colocar tanta energia em coisas que não trouxeram nenhum resultado, percebi que precisava aprender quando era hora de ficar quieta.

Uma vez, meu marido estava envolvido em um negócio e precisava tomar uma decisão estratégica. Sem saber qual decisão era essa, ele decretou: "Vou esperar um mês. Não vou tomar nenhuma decisão agora".

Em uma empresa, geralmente as pessoas querem resolver tudo de cabeça quente. Ninguém espera. Mas esperar talvez seja a melhor estratégia quando não sabemos qual decisão devemos tomar.

É como quando precisamos perdoar alguém e não conseguimos. Às vezes, precisamos primeiro digerir a situação porque estamos muito envolvidos com ela.

Só que, na vida profissional, ninguém está esperando o tempo de digestão de nada: está tudo muito rápido e ficamos olhando para o outro executando e nos sentimos parados, enquanto um monte de peças nos bastidores está se movimentando. Então queremos ver o resultado e apressamos as coisas.

Na era das mídias sociais, se não temos uma resposta rápida no WhatsApp em 24 horas, achamos que a pessoa do outro lado da linha morreu. Muitas vezes a pessoa está simplesmente resolvendo a vida dela. Mas o que fazemos nesse momento? Levamos para o lado pessoal e imaginamos coisas a respeito de quem não deu a resposta imediata.

Eu estou em uma fase de treino para conseguir respeitar o tempo das coisas e esperar o caminho se mostrar. Confesso que, quando criei o canal, achei que em seis meses teria um milhão de inscritos e isso não aconteceu de imediato. Mas não é porque minha expectativa era alta que gerou frustração: era porque o tempo estabelecido para a conquista daquela meta era curto demais.

Não adianta ficar batendo a cabeça para depois perceber que existia algo por trás sendo arquitetado para que o melhor acontecesse para você. Dias atrás, uma reportagem mostrou a história de um rapaz que ia entrar em um avião e, por algum motivo, não conseguiu pegar o voo a tempo. O que aconteceu em seguida foi a frustração por não ter entrado no avião, mas logo veio a notícia de que o avião onde ele estaria tinha caído. Ele disse que, naquele dia, ficou bravo, mas depois viu que tinha sido um verdadeiro livramento.

É muito difícil confiar na inteligência divina porque sempre queremos ter a certeza de tudo. Queremos garantias, respostas imediatas. Só que, às vezes, quando algo não acontece do jeito que esperamos e desejamos, é uma tremenda bênção.

Nem sempre somos capazes de ver imediatamente a lição que estamos aprendendo a partir de uma experiência positiva ou negativa, mas, se aprendemos a confiar no Universo ou nessa inteligência superior, abrimo-nos para a orientação dessa inteligência e começamos a enxergar tudo sob uma nova perspectiva.

Essa "entrega" é sinal de confiança. Chama-se pronoia, uma palavra que surge em oposição ao transtorno conhecido como "paranoia". Os paranoicos acreditam que tudo irá prejudicá-los; na pronoia, o mecanismo é exatamente o oposto. Embora nenhum extremo seja positivo, pesquisadores já dizem que a "pronoia" pode ser um fator de sucesso.

Para mim, deve existir um meio-termo. Você nem precisa ser um paranoico, acreditando que o Universo está conspirando contra você, mas também não precisa delegar tudo o tempo todo. É claro que não devemos nos blindar da vida, com medo de que tudo conspire contra nós. Sou a favor de confiar que existe uma inteligência superior que pode nos favorecer, mas não devemos simplesmente deixar tudo à deriva.

Portanto, se você estiver passando por um momento em que precisa decidir algo, seja na vida pessoal ou profissional, e essa decisão está parecendo difícil demais de ser tomada, pare, fique em silêncio e escute. Se não ouvir uma voz interior sussurrando, espere.

Mas saiba que existe uma diferença entre "deixar fluir" e ter uma postura passiva diante da vida. Precisamos encontrar o equilíbrio e a sabedoria para conseguir entender o momento de cada coisa.

Se você é empreendedor, vou dar um exemplo: é bom querer resultado, mas não é Deus que vai trabalhar por você. Ele pode te dar força e saúde, mas se você não se levantar da cama e for à luta, não adianta rezar e esperar qualquer resultado.

A postura interna ideal é: vou esperar o tempo certo e não "as coisas não aconteceram imediatamente do jeito que eu queria". Porque a vida nos cobra uma certa flexibilidade e um jogo de cintura. Nem sempre é fácil realizar tudo que queremos, mas, quando confiamos, existe um caminho que vai se mostrar.

## SEJA TREINADO PARA OUVIR MUITOS "NÃOS"

Outro dia, conversando com uma pessoa, ela disse que achava ser fácil conseguir patrocínio para meu canal, já que, na visão dela, eu era uma mulher bonita, inteligente e bem relacionada.

Para o espanto dela, expliquei que o que fazia diferença no meu sucesso era a capacidade que eu tinha de ouvir um "não" e seguir adiante. As pessoas de uma forma geral não imaginam como é o bastidor de quem vive uma vida de aparente sucesso, e eu perdi as contas de quantos "nãos" já levei para cada "sim" que consigo.

Hoje, de todas as propostas que envio e reuniões de que participo, sei que levo oitenta "nãos" para cada cem empresas para as quais apresento propostas. De tantas propostas, muitas praticamente fechadas, tive que lidar com frustrações infinitas. Quantas vezes, com tudo praticamente fechado, o cliente desmarcou tudo e voltou atrás? Isso já aconteceu com você? Certamente que sim.

O que aprendi com isso? Que a cada "não" que recebo, vou atrás de um "sim". Não dá para correr atrás de quem não quer a gente. É como nos relacionamentos: é uma escolha nossa seguir em frente. É claro que não é preciso ser inabalável, mas é necessário aprender a ouvir não e a separar o pessoal do profissional, sem ficar magoado se o amigo empresário não está disposto a negociar com você.

Um bom profissional, seja ele empreendedor ou não, procura uma forma de realizar aquilo que precisa realizar. Muita gente é assim: se as coisas não saem da forma que imaginaram que seria, desistem.

É necessário ter foco e disciplina para saber aonde se quer chegar quando ouvimos tantos "nãos" pelo caminho. Ou então parar um pouco para tentar uma estratégia diferente se perceber que as portas estão se fechando.

Para fechar um negócio, preciso abrir cem frentes e é dessa forma que o faturamento do meu canal vem subindo. Saber que ser eu mesma e ser fiel ao que eu acreditava me fazia ter um faturamento considerável sempre foi motivador.

É claro que existem "nãos" que são extremamente difíceis de assimilar, mas pense bem: já pensou como não valorizaríamos o "sim" se não recebêssemos tantos "nãos" ao longo do caminho?

Nenhum de nós fica confortável em receber uma negativa como resposta, principalmente se o que é negado é importante em nossas vidas, mas quando treinamos para escutar o "não", conseguimos assimilar diversos aprendizados. Em primeiro lugar, aprendemos a nos colocar no lugar do outro para entender determinado ponto de vista. Começamos a entender que nem sempre a negativa é uma rejeição: às vezes é só uma divergência de opiniões.

Em segundo lugar, o "não" é uma oportunidade de reavaliar aquilo que estamos fazendo, tornando-se uma excelente maneira de repensarmos a forma como estamos fazendo o que estamos fazendo.

Ao mesmo tempo, ele pode nos estimular a buscar uma resposta positiva e nos reinventarmos diariamente. Eu, como boa leonina, adoro um desafio e mesmo ouvindo essa palavrinha tão curta, sei que o poder de fogo dela pode nos fazer ter ainda mais garra para conquistar aquilo que nos dispusemos a conquistar.

Treinamos para ouvir "nãos" quando controlamos as nossas expectativas e as alinhamos de acordo com a realidade. Precisamos entender que devemos direcionar nossa energia para as coisas que podemos controlar, pois a resposta do outro foge ao nosso controle.

Ouvir muitos "nãos" também pode nos deixar com uma perspectiva negativa da vida, como se tudo estivesse tão difícil que não valesse a pena ir adiante. Se eu não fosse treinada para ouvir tantos "nãos", teria desistido do canal há muito tempo, porque o número de portas na cara é infinitamente maior que o de sorrisos e contratos fechados.

No fundo, a gente só tem paz de espírito quando estamos abertos às possibilidades e nos libertamos da dor das decepções diárias.

Não pense que treinar para ouvir "não" é se tornar uma pessoa fria e insensível porque uma coisa não tem nada a ver com a outra. Cada negativa pode significar um pouco mais de combustível para encher ainda mais a agenda com atividades que possam trazer o tão esperado "sim".

# SEJA UM MULTIPLICADOR DE POSITIVIDADE

Você já deve ter ouvido falar do "reforço positivo". Elogiar quando alguém faz algo bem feito libera dopamina no cérebro e faz a pessoa querer repetir aquilo que deu certo e trouxe o elogio.

O que pouca gente imagina é que um bom elogio literalmente vale ouro: pois é, em uma pesquisa feita pela *Harvard Business Review*, o elogio pode ser a principal fonte de motivação de um colaborador. Se você tem uma empresa ou lidera uma equipe, deve saber que só quando elogia tem funcionários engajados que fazem esforços extras e se envolvem nas atividades.

Quanto mais elogio, o destaque positivo fortalece a sensação de que a atitude positiva deve ser repetida. Muita gente negligencia o valor de um elogio.

Hoje, o que conhecemos bem, infelizmente, não são os elogios e sim as críticas. A internet possibilitou que as críticas se tornassem ainda mais vorazes e fossem disparadas a qualquer momento em todos os canais. Quando resolvi fazer minhas redes sociais e expor minha vida e opinião na internet, sabia que tinha que estar preparada para ouvir críticas e elogios e saber como lidar com cada um deles.

Com as críticas, quando construtivas, procuro aprimorar algo, melhorar as entrevistas ou produzir mais conteúdo para o canal. Já com os elogios preciso ter o discernimento para não ficar cega pela vaidade e pelos jogos do ego.

Comecei então a entender aquela história de "que lobo vou alimentar dentro de mim", a partir das críticas e elogios. No meu dia a dia, tento ser uma multiplicadora de elogios, procurando sempre focar nos aspectos positivos das pessoas, porque às vezes é muito fácil focarmos nas coisas ruins e menosprezarmos as coisas boas.

Outro dia estava em uma viagem com meu marido e de repente ele me contou um fato negativo a respeito de um acontecimento no trabalho dele. Quando me dei conta, estávamos em um lugar maravilhoso, falando sobre um episódio que não trazia uma energia boa. Imediatamente eu perguntei por que ele estava falando sobre aquilo e pedi que me contasse dez experiências positivas que tinham acontecido recentemente. Essa é uma boa prática: falar dez coisas boas para neutralizar uma negativa.

Naquele momento, ele demorou um pouco mais para conseguir listar e percebi como nossa cabeça funciona. Muitas vezes, gravamos com intensidade os episódios ruins, as críticas, as coisas que deram errado, e quando alguém pede para que resgatemos memórias positivas, parece mais difícil de lembrar.

Certa vez, entrevistando meu amigo Vini Kitahara – que criou uma escola da felicidade, porque vivenciou uma situação de morte muito de perto e isso o fez querer reviver, além de viver a vida que tinha sonhado –, ele me explicou que felicidade não se ensina, porque são vários conceitos envolvidos. No entanto, podemos treinar o pensamento positivo e precisamos tomar a decisão de sermos otimistas. Isso inclui pequenas escolhas que nos fazem bem e aprender a dizer não para pequenas coisas que nos fazem mal.

O curioso foi ele contar que quando pede para as pessoas dizerem quais os três dias mais felizes de suas vidas, elas muitas vezes não conseguem fazer essa lista. No dia da gravação, os três momentos que relatei fizeram com que ele percebesse o que era importante em minha vida: contribuição, amor e conquista profissional.

O interessante é que o episódio que relatei foi relacionado a um dos dias mais felizes da minha vida. Foi o Vini quem me fez ver que quando percebemos que fazer o bem traz felicidade, ficamos viciados em ajudar os outros.

Ele também contou que a maioria das pessoas fala sobre um dia relacionado ao amor e relacionamento e muitas falam sobre as conquistas profissionais, geralmente porque tais conquistas proporcionam impacto em outras pessoas por meio do projeto com o qual estamos envolvidos.

Para mim, sempre foi fundamental impactar pessoas. Sempre vi com bons olhos criar uma corrente de positividade que pudesse transformar a mente e o coração de quem me assistisse.

Existe um livro que fala sobre uma filosofia tolteca chamado *Os quatro compromissos* e é algo que sempre usei peneirando as palavras que saem da minha boca. O primeiro compromisso é o da palavra. Esse seria o mais importante e também o mais difícil a ser cumprido.

Ser impecável com a palavra, que é a força de nossa expressão, é saber como usar o poder da palavra para mudar a vida de alguém, usando a palavra como semente e plantando sementes de amor que constroem algo em vez de destruir.

Mais do que ninguém sei o quanto as palavras podem ferir ou plantar sementes de discórdia ou temor em nossa mente. Durante muito tempo, fui afetada pelas palavras dos outros, sem entender que poderia simplesmente não dar ouvidos ao que as pessoas diziam. Mas palavras têm o poder de machucar.

Por isso, sempre prezei pela palavra. Se é para dizer algo a respeito de alguém, que seja algo positivo sobre aquela pessoa. Que seja algo que reforce algo de positivo ou a encoraje. Palavras podem destruir ou encantar e dependendo da força que colocamos nelas, podemos destruir a vida de pessoas.

Quando falamos da impecabilidade da palavra, referimo-nos a usá-la de maneira responsável, utilizando a energia correta no emprego da palavra utilizada. Essa filosofia, por exemplo, ensina que fofocar é envenenar.

Hoje, quando falo sobre alguém, eu procuro falar de maneira positiva, sobretudo se a pessoa não estiver presente naquele momento.

De uns tempos pra cá, afastei-me de pessoas que não tinham a mesma energia. Eram amizades que se reuniam para destruir os outros e falar mal. Conforme firmei um compromisso com a minha palavra, decidi não estar mais nesses círculos e, embora eles sejam comuns entre amigos, também percebi que no meio empresarial existem vários deles.

A questão é que você sempre pode escolher onde e com quem estar e se estiver comprometido com a impecabilidade da palavra, inevitavelmente vai se afastar de relações profissionais que destroem umas às outras ou criam círculos de fofoca destrutiva.

Para usar a palavra de maneira positiva, primeiramente, treino em voz alta elogios para mim mesma e coisas que gostaria de ouvir.

O poder do elogio é como um encantamento. Uso tanto comigo como com todos que estão ao meu redor. Todo mundo adora ouvir um elogio sincero e precisamos praticar dizer coisas boas a respeito das pessoas que estão ao nosso redor.

Quando compreendemos o poder das palavras, também criamos uma imunidade em relação aos demais, já que só recebemos ideias negativas a nosso respeito se nossa mente for um terreno fértil para essa ideia.

Percebi que quanto mais amamos a nós mesmos, mais temos integridade com as palavras, porque temos o compromisso real de construir e multiplicar coisas boas e fazer as pessoas ao nosso redor felizes.

O segundo compromisso é não levar nada para o lado pessoal. Isso quer dizer que se alguém diz algo negativo para nós, não precisamos aceitar aquela crítica. Podemos simplesmente entender que aquela é a visão da pessoa conforme a circunstância e a realidade dela.

As pessoas emitem opiniões baseadas na realidade delas e precisamos entender que nem todo mundo cultiva o amor e o respeito dentro de si. "Se temos consciência de que as pessoas só dão aquilo que elas têm dentro delas, sabemos que, quando somos atacados, aquela pessoa simplesmente não tem a capacidade de gerar amor", diz a filosofia tolteca.

O terceiro compromisso seria não tirar conclusões precipitadas, já que, quando o fazemos, geralmente criamos "veneno emocional" e entendemos de maneira errada o que está ao nosso redor. Precisamos compreender que toda a teia de controle entre seres humanos é sobre tirar conclusões precipitadamente, e o pior é que começamos a comunicar para as outras pessoas as nossas conclusões como se fossem uma verdade universal.

Nos relacionamentos interpessoais, amorosos e profissionais cometemos esse erro constantemente: criamos dramas em torno das conclusões e começamos a criar justificativas para o caos que criamos em nossa mente. Acredito que todos os problemas seriam resolvidos se nos comunicássemos de forma clara.

O quarto compromisso é sempre dar o melhor de si sob qualquer circunstância e fazer o melhor possível em todos os momentos. Isso quer dizer que você também precisa estar consciente de como está para saber quando pode dar o seu melhor.

Cuidar de si mesmo é dar o melhor de si sem esperar qualquer recompensa. Sabemos que a nossa vida é feita de ciclos. Às vezes, o mais importante é o trabalho, às vezes, a saúde, mas independentemente de qualquer área, devemos entender que devemos dar nosso melhor em todas as áreas.

O Vini, que criou a escola on-line de felicidade, diz que felicidade tem a ver com ação e que devemos perguntar a nós mesmos: "o que posso fazer hoje que vai me ajudar ou vai fazer bem para mim?".

Agir significa expressar quem somos. Podemos ter todas as ideias do mundo na cabeça, porém o que faz a diferença é a ação. Devemos agir para nos manifestarmos no mundo e encarar que estamos vivos.

Quando honramos os quatro compromissos, multiplicamos positividade, controlamos a nossa vida e agimos como crianças que vivem sem julgar e sem ofender os outros, simplesmente escolhendo ser felizes a cada momento.

Se você parar para pensar agora, talvez seja difícil se lembrar de um elogio que te fizeram. Muitas pessoas são tão apegadas às críticas que menosprezam as palavras positivas a respeito delas. Quem deixa a televisão ligada também acaba tão viciado em notícias trágicas que, quando a desliga, facilmente as propaga em vez de contar sobre as coisas positivas que viu ao seu redor.

Temos que aprender a neutralizar pensamentos negativos e, quando sentirmos uma palavra que traz uma energia diferente, posicionarmo--nos e pensarmos em dez coisas boas ou fazermos dez elogios.

Pare e pense em uma pessoa: veja como nem sempre conseguimos fazer dez elogios a alguém. Em alguns casos, até mesmo nosso vocabulário para elogios é limitado. Mas quando somos chamados para criticar, parece que fazemos com mais facilidade. Desde sempre me policio para elogiar mais que criticar, porém, mesmo assim, sei que é comum que as pessoas tenham mais empenho em destruir a imagem das outras do que se posicionar para defender alguém de uma crítica.

Crítica, se a gente não se policiar, faz uma enxurrada, elogio, para muitas pessoas, é difícil fazer. Isso tanto no trabalho quanto na vida pessoal. Em um relacionamento, é comum ver o casal criticando o comportamento um do outro o tempo todo sem trazer o tal do reforço positivo no dia a dia.

A sacada é como você controla a sua mente. Se você estiver usando sua palavra simplesmente para detonar, não é melhor ficar quieto?

### O PODER DA SINCRONICIDADE

Sincronicidade é quando a vida parece um roteiro de filme escrito por você. Sabe quando as coisas saem direitinho? Você encontra a pessoa certa, o lugar, a solução... Os acontecimentos vão formando uma teia e você mal consegue explicar como aquilo aconteceu.

Acredito que todos vivenciamos sincronicidades o tempo todo, mas só alguns estão abertos a elas e conseguem perceber estes sinais do Universo. Muitas vezes não deciframos a mensagem nem entendemos o significado profundo dela.

Eu costumo observar as sincronicidades de uma maneira diferente: sempre que acontecem sei que foram sinais porque me pergunto: "Qual a probabilidade de isso acontecer?".

Geralmente a probabilidade é tão pequena que percebemos que se trata de algo mágico. Agora gostaria que você pensasse em alguma coincidência significativa ocorrida em sua vida. Você vai perceber como mal conseguiria explicá-la para uma pessoa cética.

Já tive inúmeras provas da sincronicidade em minha vida que me apontaram caminhos profissionais, mas a mais importante delas aconteceu quando eu conheci o Thomas, meu marido.

Eu estava com uma energia diferente quando o conheci. Estava envolvida com os fenômenos da Física Quântica e fazendo diferentes cursos para entender mais sobre ela. Enquanto isso, agendava um café com ele, que era cirurgião, e um amigo em comum havia dito que seria interessante conectá-lo ao grupo que trabalhava na época.

Tínhamos agendado um café no Shopping Iguatemi e antes de falar do nosso encontro, quero contar da minha avó paterna, que tinha tido um casamento maravilhoso. Ela e meu avô eram o que chamamos de "almas gêmeas".

Certa vez, durante uma conversa, perguntei a ela como eu saberia quando encontrasse a minha alma gêmea e ela disse taxativa:

– Patricia, quando você encontrar a pessoa, vai sentir e saber.

Até então, aquela sensação de que eu tinha encontrado "a pessoa" nunca tinha acontecido e eu fiquei intrigada, mas continuei aberta aos sinais.

Voltando ao episódio de quando conheci meu marido, a primeira coisa que me veio à mente assim que o vi foi a imagem da minha avó dizendo que eu ia saber. Eu olhava para ele e, quanto mais conversava, mais sentia que era a pessoa certa.

Então, como se o Universo ainda precisasse me enviar um sinal, começou a tocar a música que tinha ligação com a história de amor entre minha avó e meu avô. Era uma música instrumental, incomum, que era tão especial para eles que tinha sido usada em um vídeo feito em homenagem ao meu avô.

Conforme aquela música ia tocando, eu ia entendendo aquele sinal do Universo. A improbabilidade de tocar justamente a música que havia no vídeo que fizemos para o meu avô era como a prova de que o Thomas era a pessoa que eu estava esperando.

Depois daquele dia, ele me convidou para jantar, mas eu já estava com uma viagem agendada para o Rio de Janeiro, onde encontraria o Amit Goswami em um curso.

Começamos a nos aproximar quando retornei de viagem. Logo em seguida, e mesmo hoje, Thomas diz que sentiu a mesma coisa e tinha certeza de que ia casar comigo desde o primeiro momento que me viu.

No dia que nos conhecemos, ele diz que quando chegou em casa não conseguia dormir e ficava perguntando a si mesmo o que estaria acontecendo. Nosso relacionamento começou logo depois e, seis meses após o primeiro encontro, ele me pediria em casamento.

Tínhamos uma música que marcava muito nossa relação, "Magic", do Coldplay. A música diz: "Eu chamo de magia quando estou com você" e a letra representava exatamente o que os dois sentiam quando estavam ao lado um do outro. No dia que ele me pediu em casamento, contratou uma cantora para cantar a tal música, um violonista para tocar e fez o pedido no mesmo lugar que tínhamos nos encontrado a 1ª vez na vida, tornando aquele momento "mágico" de verdade. Aquela cena foi uma das coisas mais inimagináveis que já aconteceram em minha vida e a sequência de sincronicidades me fazia crer que eu estava de fato diante da minha alma gêmea.

Outra coisa aconteceu quando escrevia este livro. No final da gestação, eu comecei a me aprofundar no termo "sabedoria do coração", buscando cursos a respeito. Nessa época, ao tirar uma foto da barriga, surgiu na foto um coração que assimilei como um sinal, na época.

Pois bem: minha filha nasceu com um coração na testa, literalmente. Uma marquinha em formato de coração. Aí, certa noite, saindo de um banho e de uma meditação, fiz a mim mesma a mesma pergunta e olhei para o chão. Quando percebi, no chão havia uma marca de coração.

O que aquilo queria me trazer como resposta?

Nossa sociedade muitas vezes atribui mais valor à mente objetiva do que às emoções, que costumam ser vistas com certa suspeita. Mas sincronicidade não é algo pensado. Ela é a resposta de que estamos no caminho certo.

Quando estamos em sintonia com a sincronicidade, entendemos a coincidência, tornamo-nos participantes ativos de uma camada mais profunda da vida. David Peat diz no livro *Pathways of Chance* que "as sincronicidades podem acontecer quando as pessoas entram em momentos de crise ou mudança, quando estão apaixonadas, envolvidas num trabalho altamente criativo ou à beira de um colapso. São momentos em que os limites da mente e da matéria são transcendidos".

É por isso que quando as sincronicidades acontecem, é como se o Universo estivesse disposto a nos oferecer um guia que nos ajuda a ir a alguma direção.

Sinais acontecem quando qualquer objeto, ação, evento ou figura transmitem algum significado para nós. Como a história do coração.

Podemos ter sinais no trabalho, no dia a dia, em todos os lugares se estivermos conectados. O desafio talvez seja reconhecer esses sinais e interpretá-los.

Há momentos em que queremos tanto alguma coisa que é como se o Universo respondesse rapidamente ao nosso desejo. Se queremos ter mais sincronicidade em nossa vida, devemos primeiro reconhecê-las e depois seguir as pistas. Agora voltamos ao assunto inicial do livro: as conexões.

Se estivéssemos ligados à força da sincronicidade, não despenderíamos tanto esforço para fazer as conexões certas, seja no trabalho ou no campo pessoal.

Outras coisas sempre aconteceram em minha vida e eu não sabia que poderia chamá-las de sincronicidade. As informações que eu preciso sempre chegam até mim, recebo respostas e *insights* em sonhos, vejo portas fechando-se e outras abrindo-se com facilidade, tenho experiências fortes com telepatia e frequentemente penso em alguém que me liga em seguida, além de captar facilmente o humor de quem está ao meu redor.

A sincronicidade pode ser algo poderoso na era da transformação se conseguirmos nos conectar a elas. Então estaremos no lugar certo, na hora certa e as coisas passarão a acontecer como num passe de mágica.

Se você conseguir se concentrar nas mensagens que elas trazem, consegue criar um ambiente rico para que aconteçam.

A apresentadora e empresária Oprah Winfrey diz que quando confia em seu corpo, mente e espírito, permite-se manter à procura de novos rumos para crescer e aprender com novas lições. Adepta do poder da sincronicidade, ela diz que sempre ficou surpresa com a aparição de coincidências significativas em sua vida que a levaram aonde está hoje.

Então, preste atenção a tudo que está ao seu redor. Sinta a magia que pode existir em cada sinal que te levará a outro ponto e que talvez a sua imaginação não fosse capaz de te conduzir.

O Universo é mesmo fantástico. Acredite.

### SOLUÇÕES COMPARTILHADAS

Como empreendedora e empresária, sempre estive conectada com as tendências e inovações. Cada vez mais estou convencida de que quem não mudar a maneira de olhar para as soluções, vai ficar para trás. Uma dessas soluções eu incorporei à minha rotina depois que comecei a perceber que fazer *home office* nem sempre era produtivo.

Como tenho meu próprio negócio, precisava ser extremamente disciplinada para poder tirar o pijama todos os dias, trabalhar e não cair na tentação de assistir à Sessão da Tarde ou ser interrompida por uma demanda qualquer da casa. As coisas começaram a ficar misturadas, mas, ao mesmo tempo, eu não achava a solução ideal: alugar uma sala, ter despesas fixas com um negócio que estava apenas começando, contratar pessoas, comprar móveis.

Sabia que o gerenciamento da estrutura de trabalho também seria mais uma coisa a se pensar. Então, passei a frequentar um coworking. Imediatamente percebi que meu custo baixava, eu tinha um espaço profissional disponível e comecei a entender na prática o conceito de economia colaborativa.

Hoje sei que a economia colaborativa, também conhecida como economia compartilhada, vai mudar os rumos e as formas de trabalho e traz mais qualidade de vida para todo mundo. Esse *lifestyle* oferece um novo ponto de vista para que possamos utilizar o consumo de forma mais sustentável. É o tal capitalismo consciente do qual tanta gente fala.

Posso dizer que a melhora na qualidade de vida é apenas uma das consequências das mudanças do processo, porque passamos a encarar nossa vida de maneira mais fluida e orgânica, pensando em um equilíbrio, além do retorno financeiro.

O coworking acabou fazendo parte da minha vida e percebi que não era apenas dividir um espaço. O coworking é uma comunidade que resgata a cultura da colaboração, da cooperação e estreita relacionamentos. É diferente da cultura do "cada um por si e Deus por todos", que muita gente prega.

Já ouvi o Sean Fedorko, fundador de um espaço de coworking mundialmente conhecido, defender a ideia de que os negócios devem começar com um porquê e, se no Brasil estamos mudando a cultura de funcionários para empreendedores, acabamos criando nossos empregos e sendo empregados de nós mesmos, como consultores, freelancers, autônomos ou começando pequenos negócios. Esse novo estilo de vida e de trabalho pede que criemos novas formas de reinventar a maneira como trabalhamos. Já não procuramos empregos, vendemos o produto do nosso talento.

A economia compartilhada e o consumo colaborativo baseiam-se na colaboração entre as pessoas de forma que esses compartilhamentos de bens e serviços acabem tornando-se mais comuns no dia a dia do profissional.

O Airbnb é um dos exemplos mais bem-sucedidos de economia colaborativa. No livro de Leigh Gallagher, *A história da Airbnb*, também publicado pela Buzz Editora, conta-se o que aconteceu por trás do empreendedorismo audacioso que constituiu a construção da plataforma.

Os aplicativos de compartilhamento de motoristas particulares também ganharam expressão e, hoje, todo mundo que tem um carro pode fazer uma renda extra em tempos de crise ou compartilhar a própria casa para hospedagem.

O que se vê é que tais soluções chegaram para suprir falhas.

Em um coworking, vemos possibilidades nascendo para quem não tem condições de arcar com os custos de um escritório privado. É um negócio no qual todo mundo sai ganhando.

Os especialistas explicam que a economia compartilhada contempla três possíveis tipos de sistemas e o mais interessante deles é que passamos a ter *lifestyles* colaborativos, compartilhando recursos. Sendo assim, podemos manter nosso estilo de vida sem precisar consumir mais.

Estamos diante de um novo jeito de consumir, focado em usufruir serviços, substituindo velhos paradigmas de posse. Segundo a Forbes, a estimativa é de que a economia colaborativa gere uma receita anual de 3 bilhões e meio de dólares para os usuários, valor que deve crescer 25% ao ano. E, o que isso tem a ver com você?

Na verdade, com essa nova economia, mudamos o modo como entendemos oferta e demanda e a nossa relação com o consumo.

Hoje em dia, quando compartilhamos, conseguimos minimizar os gastos. Quem já colocou na ponta do lápis sabe que não vale a pena ter um carro na garagem, pagar impostos, multas, gasolina, estacionamento, para se locomover quando o custo de um carro compartilhado é infinitamente menor. Ao mesmo tempo, muitas pessoas têm criado sistemas de caronas solidárias e outras soluções que já fazem parte do futuro que vivemos hoje.

Com os negócios digitais, o crescimento dos espaços compartilhados parecem ser uma excelente solução para tudo. Com novos negócios mais enxutos, conseguimos ter menos funcionários. Se cada uma das microempresas de um escritório compartilhado tivesse que arcar com o custo de uma secretária, por exemplo, esse custo na folha do final do mês seria alto. Já vi trocas interessantes acontecerem nesses espaços, como, por exemplo, o compartilhamento de profissionais autônomos que oferecem serviços para as empresas que trabalham ali.

Para mim, gênio é o cara que fatura um milhão e tem três funcionários. Não tem custo, nem dor de cabeça. Gerenciar pessoas é uma das coisas mais desafiadoras em uma empresa. Quando as pessoas começam um novo negócio vão colocando outras pessoas, terceirizando tudo, e, quando veem, há pessoas gerenciando pessoas e poucas produzindo e trazendo retorno para o negócio.

Quando você opta pelo coletivo, está resolvendo a questão do tempo. Você sabe o custo da hora da sala de reunião, então não convoca reuniões o tempo todo para falar o que pode ser resolvido em um e-mail. Muita gente, dentro de empresas, cria reuniões improdutivas em torno do nada. Hoje estou percebendo que muitas pessoas não sabem usar o tempo de forma produtiva no trabalho. É como se quisessem ocupar o tempo e encher a agenda em vez de efetivamente trazer soluções que possam fazer a empresa crescer.

Nosso poder de "estar" no mundo faz com que tenhamos a tal busca pelo propósito não só na forma como consumimos produtos e serviços, mas também na forma como nos posicionamos no mercado.

Mas por que ficamos tão confusos para entender o que é uma tendência de verdade? Porque ainda temos a dificuldade de entender como funciona o ser humano no meio das estratégias todas.

As palavras "solução" e "compartilhada" vieram para mudar a maneira como enxergamos as relações e o consumo. Eu acredito que compartilhar soluções é o que nos fará crescer em uma economia que vai nutrir a alma de todo mundo envolvido no processo.

## DÁ PARA TER MAIS TEMPO EM 24 HORAS?

Todas as pessoas do mundo terão as mesmas 24 horas no dia. Algumas aproveitam o tempo e ele rende como se a vida delas fosse uma máquina de produtividade. É comum que vejamos nas redes sociais pessoas fazendo diferentes atividades e muita gente percebe que mal consegue dar conta do que precisa fazer naquele dia.

Aos domingos, geralmente me pergunto quais são as metas da semana seguinte e me organizo com uma lista escrita, para poder gerenciar meu tempo de forma que uns dias trabalhe mais, outros, menos. Se eu quero ficar um dia sem fazer nada, como vou falar mais adiante, sei que preciso executar determinadas tarefas até mais tarde em determinados dias. Dessa forma, mesmo que eu queira trabalhar durante dezoito horas em um dia para poder descansar no outro, sei o que foi feito e o que ficou para trás.

Hoje consigo me organizar muito mais porque sei quais as prioridades dentro do meu dia a dia, mas sei que gerenciamento de tempo é uma questão desafiadora para muita gente. A maioria das pessoas não consegue se organizar em prazos, nem estabelecer dias para determinadas atividades.

No meu canal, investi e contratei pessoas, terceirizei alguns serviços, e ao mesmo tempo que tenho mais custos, tenho mais tempo para cuidar da estratégia e de novos negócios e delego tarefas que podem ser executadas por alguém capacitado e de confiança. Assim consigo dividir as tarefas em dias em que o foco seja patrocínio, outros em produção de conteúdo e em outros centralizo as reuniões. Quando sabemos o que vamos fazer na nossa rotina, conseguimos ter mais tempo dentro do nosso tempo.

Já trabalhei com profissionais renomados que tinham listas extensas de tarefas diárias e não saíam do escritório sem que todas estivessem ticadas. O que aprendi com isso é que essas pessoas sabiam delegar muito bem, tinham uma equipe capacitada e perdiam tempo e esforço com coisas realmente estratégicas. Mesmo delegando, sobravam tarefas importantes, como, por exemplo, sempre checar o que estava sendo feito e medir os resultados. É lógico que mesmo com essa postura implacável de lidar com as tarefas a serem executadas, precisamos entender que não somos robôs e algumas vezes as coisas não acontecem da maneira como planejamos.

Então, foco nas prioridades quando vou executar algo ou também quando preciso checar alguma tarefa que deleguei. Sei que se deixar passar para o dia seguinte, a tarefa vai ficando e, quando vejo, já está no prazo final. Sou uma pessoa que se cobra demais, então acabo trabalhando com antecedência para não precisar trabalhar com imprevistos. Dessa forma, manobro os compromissos com facilidade.

Para você ter esse domínio e conseguir multiplicar as horas, independentemente de ter um ou mil funcionários, o segredo é treinar com coisas pequenas. Ou seja: será que sua energia não está focada em apagar incêndios? Tenho certeza de que se você colocar na ponta do lápis, vai perceber quanto tempo gasta com coisas que surgem no meio do caminho e te tiram o foco do que é prioridade.

A Cidinha Fonseca, que era minha coach e já foi diretora de RH do Grupo Pão de Açúcar e coach do Abilio Diniz, me ensinou que temos que separar o que é urgente, o que é importante e o que é circunstancial. Essa é uma matriz de produtividade que todo coach utiliza para mostrar como deixamos o tempo escoar em coisas que não precisavam demandar nossa energia. Um grande amigo e coach que me ensinou muitas ferramentas importantes, a ter alto desempenho e que também me ajudou a alavancar a minha vida foi o André Franco. Eu te aconselho a sempre ter alguém que te dê um suporte profissional nos momentos em que faltar coragem. São essas pessoas que farão com que você consiga enxergar a coragem que existe dentro de si mesmo, mas que acaba sendo esquecida ao longo do tempo.

Esquecemo-nos de nós mesmos porque começamos a perder a força quando atendemos às demandas dos outros.

A maioria de nós acaba trabalhando como "secretário" das demandas alheias e coloca necessidades que nem são imediatas na frente daquelas que precisam ser executadas imediatamente. Tudo gira em torno do gerenciamento da energia. Eu, você, a Beyoncé, o Obama, todo mundo tem as mesmas 24 horas, mas nem todo mundo sabe o que fazer delas.

Muita gente desperdiça tempo e chega ao fim do dia como se não tivesse realizado nada produtivo. A primeira dica que percebi, depois de entrevistar gestores do tempo renomados como o Christian Barbosa e grandes empresários, foi que devemos aproveitar nossos intervalos. Isso quer dizer que se estivermos em uma sala de espera, em um carro, devemos aproveitar para ouvir um audiobook, fazer um curso on-line, usar um aplicativo que nos traga uma nova aptidão.

Soube recentemente que o grande empresário Carlos Wizard Martins resolveu aprender mandarim e faz isso nas horas vagas, entre os compromissos e, na maioria das vezes, durante os deslocamentos.

Se você não pode contratar professores particulares para acompanhá-lo, existem aplicativos incríveis para ensinar língua estrangeira, e eu faço uso deles sempre que tenho tempo disponível.

Eu faço cursos on-line, aprimoro o que gosto. Tenho apps que uso para melhorar meu inglês, quando estou no trânsito ouço audiobooks. Você também pode aproveitar seu tempo livre para ouvir alguma palestra, podcast de empreendedorismo ou mindset para sintonizar com algo relacionado ao comportamento que você quer ter.

Outra sacada desses caras é que a maioria é organizado ao extremo, e eu acredito que essa habilidade está intimamente ligada a saber usar o tempo. Quando estamos trabalhando em desordem, demoramos muito mais para achar o que queremos, e se temos tudo no lugar certo para quando precisarmos, sabemos onde procurar.

Na era digital, também precisamos estar organizados em relação a pastas e documentos no computador, com datas e temas. Isso nos ajuda a ganhar tempo. Coisas aparentemente simples que também demandam tempo é procurar roupa. Quando nosso quarto está desorganizado, demoramos mais tempo para encontrar aquilo que queremos usar.

Eu guardo tudo por cor e estações, para saber onde está quando quero usar. Vira e mexe dou uma grande arrumada no quarto para conseguir encontrar tudo que quero. Muitos empreendedores de sucesso, como Mark Zuckerberg, têm inúmeras camisetas da mesma cor para facilitar o trabalho mental de pensar em que roupa usar. "Eu quero realmente limpar minha vida para fazer o mínimo de decisões possíveis sobre o que não tenha relação com o meu trabalho", disse Zuckerberg. Ele conta que até mesmo decisões corriqueiras, como escolher o que vestir ou o que comer no café da manhã podem consumir energia. E não quer perder tempo com essas coisas.

"Estou nessa posição muito privilegiada de poder acordar todos os dias e ajudar a atender mais de um bilhão de pessoas. E sinto que não estou fazendo meu trabalho se gasto qualquer das minhas energias em coisas bobas ou frívolas sobre minha vida", ele disse em uma de suas entrevistas.

Zuckerberg lembrou que outras pessoas influentes, como Steve Jobs ou Barack Obama, têm a mesma teoria no que diz respeito à escolha de suas roupas. Muita gente não percebe, mas até a demanda mental exige energia, e muitos empresários acabam tendo crises de estresse porque não são capazes de se organizar mentalmente para as demandas do dia a dia. Perdemos tanta energia em coisas pequenas que quando precisamos tomar grandes decisões, estamos mentalmente incapazes de fazê-las.

Ou seja: sabe quando você não faz a lista do que precisa fazer e fica mentalmente preocupado com o que precisa ser feito? Ou quando está trabalhando e se lembra de que precisa passar no mercado para comprar determinado item? Pois é: pequenas atividades mentais ocupam nossa mente e sugam nossa energia, que poderia ser direcionada para outras finalidades.

Um outro sugador de energia que funciona como um aspirador do tempo na atualidade é o celular. Para ser mais específica, as notificações de mensagens. Se você quer ter mais tempo, desative as notificações do seu celular. Eu sei que é superimportante estar antenado, mas é extremamente improdutivo parar o tempo todo para checar a mensagem que chega. Se quer um conselho valioso, aí vai: desliga tudo e depois entra e olha tudo de uma só vez. Isso é extremamente importante e, por mais bobo que pareça, é difícil de treinar.

Recentemente li a informação de que uma pessoa desbloqueia o celular mais de 140 vezes por dia, e que um adulto passa em média seis horas por dia no celular. Faça as contas de quanto tempo você perde em média só vendo as mídias digitais e mensagens que poderiam ser vistas de uma só vez. 95% das coisas não são importantes e urgentes. São coisas que lidas seis horas depois não mudam em nada a sua vida. Portanto, foque no que é preciso fazer naquele momento mesmo que esteja curioso.

Outro hábito que coopera com a produtividade é acordar mais cedo. Se você acorda cedo, consegue fazer mais coisas. Se tem uma reunião cedo, programe-se para fazer exercício físico antes da sua reunião. Não adianta darmos desculpas para nós mesmos de que não temos tempo para nada se não estamos dispostos a colocar aquele compromisso em nossa agenda. Se é um compromisso, devemos nos comprometer com ele e se o objetivo é fazer diariamente uma hora de exercícios, não adianta lembrar do objetivo não cumprido na hora de se deitar na cama e deixar para o dia seguinte.

Aliás, os estudos comprovam que quando fazemos exercícios na primeira hora do dia, conseguimos ter um dia mais produtivo porque mudamos nossa fisiologia e limpamos a mente.

O foco também é imprescindível para se ter mais tempo. Se você começa algo e não termina, não adianta nem começar. É preciso fazer uma atividade por vez para liberar espaço na agenda. Um pouco de cada coisa torna-se um monte de nada.

Como já entrevistei muitas pessoas de sucesso no meu canal, sei que os hábitos são ferramentas poderosas para quem quer crescer. Não adianta dizer que tudo está bem do jeito que está, porque essas pessoas sempre estão dispostas a aprender algo novo. Sempre estão lendo para absorver algum novo ponto de vista sobre algo ou fazendo um curso.

Aparentemente, a agenda desses profissionais parece sempre ter espaço para caber mais alguma coisa. Precisamos aprender a ser comprometidos com a nossa rotina se quisermos estar acima da média.

Por último, e não menos importante, devemos ter flexibilidade. Se você quiser sobreviver nos dias de hoje, precisa entender que trabalhar é resolver problemas e será preciso resolver novos problemas todos os dias.

Se não tem maturidade emocional para enfrentar isso, perde-se em coisas pequenas e tudo se torna um estresse. Então, você acaba tendo efetivamente menos tempo de vida, porque o seu corpo não aguenta tanto hormônio do estresse inundando as células diariamente.

Aprenda a delegar certas atividades operacionais e cerque-se de aplicativos ou facilitadores da vida moderna. Minha empresa não tem um departamento financeiro porque programo todas as contas e pagamentos pelo aplicativo. O supermercado também faço desse jeito. Sei quanto consumo e o que quero. Faço as compras pela internet para não perder tempo.

A maior dificuldade das pessoas na vida adulta é saber gerenciar as atividades de casa, com vida pessoal e profissional. Por isso fica todo mundo apagando incêndio o tempo todo. Na vida, precisamos aprender o que pode ser delegado e o que precisa de nós. Em casa e no trabalho. Isso é administração do tempo.

Um aplicativo pode substituir seu tempo no banco ou no supermercado, mas aplicativo nenhum pode substituir sua presença com a pessoa que você ama, por exemplo. No fundo, quando sabemos o que realmente importa, como diz meu amigo Anderson Cavalcante, editor e autor do livro *O que realmente importa*, também publicado pela Buzz Editora e que fala sobre as prioridades para as quais não olhamos e que precisam de atenção em nossas vidas, abrimos espaço na agenda para o que precisa da nossa energia e do nosso tempo.

O dia tem 24 horas para todo mundo e a vida terá uma duração parecida, mas intensidade e realização diferentes, dependendo do uso que você fizer dessas 24 horas. Pense nisso.

# A IMPORTÂNCIA DO *DAY OFF*

É comum falarmos de produtividade, como falei anteriormente, mas pouca gente fala da importância do *day off*. Aliás, experimente ficar um dia sem fazer nada e logo vai encontrar o bichinho da culpa atormentando a sua mente.

Muitas pessoas acabam atormentadas com a síndrome do vazio interior quando param de produzir, e esse fantasma surge quando colocamos tantos compromissos na agenda que, quando paramos, literalmente nos perguntamos: "O que estou fazendo da vida?".

Ou então vemos pessoas que não se permitem dias de descanso, porque sentem como se estivessem desperdiçando um dia de vida. Só que eu vou te contar uma coisa: se eu não tirar um *day off* a cada duas semanas, eu morro!

Todo mundo precisa ter o direito de descansar. Na gravidez, em particular, comecei a refletir ainda mais sobre a sabedoria do meu corpo. Quando eu estava em um ritmo mais pesado, o próprio corpo sinalizava, trazendo um cansaço aqui, um sono acolá ou um resfriado que mostrava que minha imunidade precisava de atenção.

Nós temos a mania de acreditar que tudo está acontecendo aqui fora e desprezamos os processos internos do nosso corpo. São tantos órgãos funcionando para que a gente possa respirar, fazer digestão e viver que nem pensamos que não somos máquinas e precisamos de pausas.

Depois da gestação, repensei não apenas meus valores, como minha maneira de trabalhar. Sabia que poderia trabalhar de modo mais inteligente, diminuindo a quantidade de vídeos produzidos e fazendo vídeos mais bem trabalhados, com menos frequência.

Uma pena que só me dei essa oportunidade de rever um processo – que era uma maneira como eu vinha fazendo as coisas – depois de engravidar e percebi que deveríamos fazer isso constantemente para não cair no piloto automático.

Sem que possamos perceber, caímos no piloto automático com mais frequência do que imaginamos.

Repensar o que fazemos e como fazemos é inteligente e salutar. Eu, por exemplo, adoraria fazer apenas as coisas que gosto, mas tenho contas para pagar que exigem que eu faça algumas coisas com as quais não me identifico tanto. Esse é o desafio que me leva a sair da minha zona de conforto e encontrar novas perspectivas.

Tem gente que vive a vida em um eterno *day off*, fazendo só o que gosta, como gosta, do jeito que gosta, só que ninguém ganha dinheiro vendo filme (a não ser que trabalhe em uma produtora de filmes) ou fazendo só o que está a fim. Tem um lado da vida que nos cobra para que façamos algumas atividades não tão prazerosas.

A questão é saber o equilíbrio entre tais atividades. Não dá para fazer só o que não se gosta, nem fazer o que se gosta o tempo todo. Assim como não dá para fazer *day off* todo dia ou não fazer nunca. Temos que encontrar esse meio-termo que nos permite viver em plenitude.

Já vi muita gente chegando naquele limite em que a "corda arrebenta", largando mão de tudo. Tais pessoas entram em um estado de Burnout e não querem e nem conseguem fazer mais nada. Talvez por isso tenhamos tantas pessoas mentalmente doentes hoje em dia.

Outro dia vi uma frase no Instagram que dizia: "Você precisa aprender a descansar quando pensa em desistir" e achei de uma simplicidade genial. Essa é a sacada. Muita gente chega ao limite ou pior – espera chegar ao limite. E aí desiste. Seria muito mais inteligente e produtivo que soubéssemos descansar quando precisamos de descanso. Aí esse cansaço acumulado não se transforma em uma explosão de estresse.

Alguns especialistas em educação corporal afirmam que um dia na praia, por exemplo, pode curar muita coisa. Os antigos, quando ainda eram conectados com a natureza, sabiam que tomar um pouco de sol e um banho de mar era um bálsamo para a alma e para a mente. O que acontece quando paramos é que renovamos a nossa energia e às vezes tudo que a gente precisa é justamente disso.

Para mim, que sou movida por atitudes e energia, estar sempre em ação desgasta. Mentalmente eu fico conectada a tudo e acabo querendo controlar processos que não precisam que eu demande energia mental. Foi percebendo isso que passei a relaxar mais.

Quando estou em uma semana mais tranquila, permito-me fazer algumas atividades que me fazem bem. Almoçar com a minha mãe, ir ao salão de beleza, fazer shiatsu, assistir a um filme no meio da tarde que não tenha qualquer relação com o que eu estou fazendo no trabalho.

Mas se estou em uma semana de entrega, na qual preciso fazer algo importante, acelero e faço aquilo que é preciso. Se precisar trabalhar aos finais de semana nos quais estou livre de qualquer compromisso pessoal, também não me puno por estar trabalhando, pelo contrário. A única coisa a que preciso estar atenta é que, por gostar do que faço, às vezes extrapolo o limite do tempo destinado à determinada tarefa.

Mas *day off* é sagrado. Caso a necessidade desse descanso seja durante um projeto importante, tente renegociar prazos em vez de largar mão de tudo.

Alguns CEOs de empresas mundialmente conhecidas implementaram, além do *day off*, culturas dentro das empresas que lideram, que fazem com que os colaboradores repensem as horas de trabalho. Nos Estados Unidos, é comum o conceito "family friendly", que permite que o colaborador saia em determinado horário do expediente para aproveitar a família durante a semana.

O que precisamos perceber é que cada vez mais teremos demandas externas ao trabalho e não deveríamos viver para trabalhar. O trabalho deve fazer parte da nossa vida, mas não de maneira que sugue todas as nossas energias.

Hoje temos percebido que a integração entre vida pessoal e profissional está maior, e talvez por isso as pessoas estejam acumulando tantas funções e trabalhando 24 horas por dia, checando e-mails e mensagens relacionadas ao trabalho.

A mente precisa de descanso e até as empresas mais formais estão percebendo que foco e entrega é que devem pautar a relação profissional. Não adianta manter o funcionário dentro de um escritório durante nove horas. Se ele produz o que precisa até às quinze horas, é mais produtivo e econômico que vá embora na hora que tiver terminado as tarefas.

Ao mesmo tempo, temos que nos vigiar constantemente. O empresário Flávio Augusto diz que o maior erro que podemos cometer é estarmos colhendo algum resultado daquilo que plantamos e nos darmos ao luxo de ficar de "saco cheio" daquilo que estamos fazendo.

Portanto, perceba se o seu ócio produtivo realmente é uma intenção de descansar a mente ou fugir dos desafios que sua vida profissional está proporcionando naquele momento.

Muitos acabam ficando deslumbrados com o sucesso e as consequências são drásticas. Não se deve desprezar o que você fez e o que te trouxe até onde está. O segredo é encontrar motivação para fazer a mesma coisa. Esse é um desafio para todo mundo: no casamento, nos negócios, com os amigos. Flávio diz que devemos descobrir uma maneira prazerosa de fazer tudo como se fosse a primeira vez.

Se não somos capazes dessa transformação, esse *day off* vai nos trazer clareza para repensar o que queremos ou ao menos fazer com que tenhamos mais prazer nas atividades que fazemos todos os dias. E se você precisa resgatar na memória o momento em que começou a trazer de volta a essência daquela pessoa que te motivava, você não perde a vontade de continuar.

Precisamos amar a nós mesmos até mesmo para admitir que precisamos de um *break*. Dizem que o seu relacionamento consigo mesmo define o tom de todos os relacionamentos que você vai ter na vida. Dessa forma, você pode observar que tipo de relação está tendo consigo mesmo e passar a emanar os sentimentos que quer pautar nas relações pessoais e profissionais.

Ninguém dá o que não tem e se reabastecer é necessário para poder fazer isso. Uma mãe esgotada não consegue ficar 24 horas com o filho, nutrindo-o de amor. É melhor que ela se reabasteça em outro lugar para depois retornar com aquilo que alimenta a relação. Você já deve ter conhecido pessoas que nutrem relações estressantes e não dão o melhor de si. Adianta estar sempre junto, fazendo tudo junto e só reclamar e viver de mau humor?

Amor-próprio tem a ver com decisão. Precisamos gerenciar nossa energia e fazer um exercício de observar nossas qualidades e pontos fortes todos os dias. Uma pessoa que não consegue ver coisas boas na vida não consegue ver nada de positivo em ninguém.

Só que não adianta nada tirar *day off* e continuar conectado com aquele amigo que te liga e só fala bobagem. Nesses dois minutos que você gasta falando com ele, perde energia como se tivesse um dia de trabalho exaustivo.

*Day off* também é *day off* de energias negativas. Não adianta tirar o *day off* e sair com aquela amiga que só conta tragédias ou estar com pessoas que só sabem fazer intriga. Pessoas que falam mal das outras e te intoxicam com o veneno delas.

# ESTEJA COM QUEM ABANA SUAS CHAMAS

Há uma frase de um pensador persa chamado Rumi que diz assim: "Incendeie a sua vida. Escolha aquelas pessoas que abanam as suas chamas". Sempre gostei das frases deste pensador, mas esta em especial ganhou um vídeo do ator Will Smith. Ele faz uma interpretação fantástica da frase, da qual compartilho.

Ele diz o seguinte: "Não esteja com pessoas que não querem te ver brilhar, não perca seu tempo com pessoas medíocres. Esteja com pessoas que te nutrem e te inspiram a ser melhor. Esteja com pessoas que alimentem suas chamas, não que as apague. Olhe ao seu redor e veja quem são as pessoas que estão abanando as suas chamas e quem está apagando-as. Nem todo mundo merece estar ao seu lado e você deve defender a sua luz mais do que tudo. As pessoas com as quais você passa seu tempo vão te ajudar a alcançar o seu sonho ou te afastar dele".

Assim que vi esse vídeo, compartilhei com alguns amigos que têm a mesma opinião que eu. É maravilhoso estar cercada de pessoas que abanam as minhas chamas em vez de apagá-las.

Tem muito amigo que é só "oba-oba" e não é ponta firme para quase nada. Todo mundo sabe que quem soma mesmo são poucas pessoas. Mas ao longo do tempo, vamos caindo em armadilhas. Há muitas pessoas que entram em nossas vidas para envenenar relações, intoxicar ou que têm prazer em destruir nossos sonhos.

No começo, eu achava que era maldade, hoje sei que quem faz isso dá o que tem. É difícil iluminar o outro quando não se tem luz própria. Amar quando não se tem amor dentro de si. Por isso tanta gente só sabe odiar, difamar ou ter raiva do outro.

Inevitavelmente, acabamos convivendo com inúmeras pessoas porque não podemos nos blindar de tudo, mas escolhemos quem queremos ver com certa frequência, então sabemos com quem queremos trocar energia.

Se estou com alguém que não tem nada de bom para falar, corto na hora e preservo ao meu lado pessoas que me nutrem e apoiam, de todas as maneiras possíveis. Ao mesmo tempo, é importante apoiar quem está ao nosso lado.

Napoleon Hill diz que o mais importante dentre os relacionamentos da mente mestra é o casamento – a aliança entre duas pessoas entrosadas em um espírito de harmonia perfeita que pode cooperar para a conquista de um propósito definido.

Eu concordo em gênero, número e grau. No meu casamento com o Thomas, todos os dias percebo o quanto é importante ter ao lado uma pessoa que me admira, vibra e torce pelas minhas conquistas.

O Thomas, meu marido, propaga as minhas vitórias, apoia-me quando tenho batalhas perdidas e está sempre ali, pronto para me ouvir e me contagiar positivamente quando não consigo fazer isso sozinha.

Acredito que sem alguém do seu lado que te apoie, você dificilmente chega aonde quer. Ter a admiração verdadeira de alguém, que é o princípio e a base de todo relacionamento, é um combustível para a vitória.

No entanto, todo relacionamento, seja de trabalho ou afetivo, deve ser uma via de duas mãos; ou seja: para ser apoiado, você deve oferecer apoio. O Thomas costuma dizer que eu sou uma espécie de coach dele. Sempre tento ressaltar o lado positivo, dizer o quanto o admiro e celebrar as conquistas dele. Ao mesmo tempo, ele é uma das pessoas que mais me puxam para cima diariamente.

Todos nós já tivemos pessoas âncoras ao nosso lado, que são aquelas que nos deixam cada vez mais afundadas, diferente daquelas pessoas que nos elevam. Em toda espécie de relação existem parcerias que nos fazem crescer e aquelas que nos detonam.

A pergunta que eu deixo aqui é: vale a pena estar ao lado de uma pessoa que só te derrube? Vejo sociedades e casamentos nos quais as pessoas não contribuem uma com a outra. Dá a impressão de que estão juntas apenas para se infernizarem mutuamente ou criar intrigas, como se não conseguissem viver separadas porque dependessem daquela energia.

É diferente quando vemos uma relação na qual as pessoas se apoiam. Como dizem os padres, "na saúde e na doença". São aqueles casais, ou sócios, ou colegas de trabalho que sempre apontam soluções, acreditam que o outro vai se sobressair e contribuem positivamente para o crescimento do outro, sem invejar, diminuir ou competir.

Quantos casais você conhece que competem entre si? Quantos sócios que derrubam o outro em vez de ajudá-lo a levantar? Muitas pessoas fazem críticas para "aprimorar" o resultado dos outros, mas esquecem que estão muitas vezes julgando com um filtro sujo.

Sabe aquela velha história de olhar para a roupa do varal da vizinha e achar que está suja quando na verdade é o seu vidro que está engordurado? Pois é. Precisamos olhar com cuidado para a maneira com a qual compartilhamos nossa opinião sobre as pessoas que nos cercam. Faltam pessoas que nos fortalecem. Faltam pessoas entusiasmadas, que querem ver o bem do outro incondicionalmente e torcem, mesmo que não haja qualquer relação comercial envolvida na jogada.

É fácil torcer quando há dinheiro envolvido, mas experimente olhar para as pessoas que estão ao seu redor e veja se elas são pagas para alimentar sua alma com amor ou se elas estão ali de boa vontade para te nutrir com o que elas têm de melhor.

Se queremos mudar o mundo, devemos mudar a nós mesmos. Quer mudar a vida? Mude a si mesmo. Quer ser amado? Ame a si mesmo.

Precisamos estar atentos às mensagens que emitimos constantemente para o Universo. Elas nos mostram como estamos tratando a nós mesmos. Se quer ser valorizado, valorize-se.

# O PODER DA CONTRIBUIÇÃO

A palavra contribuição já fazia parte do meu vocabulário mesmo antes de eu entender o que ela realmente significava. Hoje trabalho em conselhos, mentorias, conecto pessoas e acredito que contribuição é o que dá sentido às nossas vidas. Deito-me na cama e sei que estou contribuindo um pouco com a mudança no mundo que vivemos e criando um novo mundo para as crianças que estão aí.

Quando eu era mais nova, era do tipo que parava na rua e se estava indo para uma reunião e via alguém necessitado, ia até um mercado, fazia compras e depois perdia a reunião. Não conseguia ver ninguém passando necessidade, mas, aos poucos, fui percebendo que não dava para fazer coisas pontuais. Era preciso criar caminhos diferentes, em larga escala.

Quando entrei no LIDE eu tinha esse espírito, de fazer a parte social e conectar as pessoas em prol de algo grandioso. Tinha em mente que queria contagiar os outros não pelo negócio, mas pela parte social dos projetos.

Quando conheci o Edu Lyra, um jovem brilhante, fundador do Gerando Falcões, ele estava em uma fase difícil do projeto, sem recursos para os meses seguintes. O Edu impacta a vida de milhares de jovens, sendo um exemplo e trazendo novas oportunidades para eles. Comprei aquela missão como se fosse minha e coloquei energia no projeto para poder conectá-lo com quem faria a diferença no negócio e acabou dando certo. Hoje, me orgulho quando o vejo literalmente voando feito um falcão, lançando livro e impactando, e transformando a vida de tanta gente de forma positiva.

Quando contribuímos, os canais vão se abrindo, os projetos dão certo e é como uma corrente que se cria, porque recebemos de volta do Universo de outras maneiras.

Penso se tudo o que faço vai somar na vida de alguém. Esse é o meu termômetro: transformar e impactar.

A diferença da Patricia jovem para a de hoje é que eu tinha um valor alto de contribuição, mas passava a vida angariando fundos para projetos e não faturava nada com isso. Então, certo dia, parei para pensar: "Como posso ajudar todo mundo se eu não estiver me ajudando?".

Acho difícil encontrar o equilíbrio, mas hoje posso dizer que sei dividir meu tempo de forma que a contribuição ocupe seu espaço de destaque. Sou conselheira em institutos importantes e relevantes como o Instituto Ayrton Senna e sei que posso contribuir de diferentes maneiras para uma sociedade melhor. Estar contribuindo para um projeto que em 20 anos impactou mais de 22 milhões de crianças é diferente de tudo o que já fiz. Sei que estou deixando uma semente e regando-a diariamente para que tenhamos um futuro adequado para quem, de fato, vai cuidar desse futuro. Para mim, a Viviane Senna é um ser humano fantástico, assim como uma empresária brilhante com uma capacidade de gerar enormes transformações e mudar significativamente as crianças do Brasil. Também fico impressionada com sua doação de energia para essa causa nobre e por fazer disso seu propósito. Ela tem, de fato, a contribuição como causa de vida e acredita que educação é a base da transformação.

Com esses números foi capaz de mudar o curso da educação no Brasil e criar um modelo que se tornou referência mundial, tornando-se a líder inspiradora que replica um modelo inovador de educação, gerando valor e criando uma corrente de impacto positivo para as gerações futuras.

Quando eu advogo por uma causa, vou com uma energia diferente. Talvez porque sinta a obrigação de pensar em quem não tem os mesmos recursos que eu. Fui entendendo que cada um trilha um caminho diferente e pode contribuir com uma causa, trazendo mais significado à própria vida.

Ninguém é você e esse é seu real poder. Eu acredito que cada um tem seu dom, seu propósito, cada um é único. Nossa história de vida e nossa essência nos incitam a seguir determinados caminhos e sempre devemos questionar: "O que estou fazendo para buscar meu real poder? Será que tem algo que eu possa fazer pelo outro para que ele possa também dar o melhor de si?".

Cada um tem seu real poder. Há sete bilhões de pessoas no mundo e cada uma tem seu papel. O que você está fazendo para buscar ser a melhor versão de si mesmo só você poderá responder. Quando nos aliamos a esse poder e direcionamos essa energia para causas, deixamos o individualismo de lado e passamos a observar o bem-estar da comunidade em geral.

A intenção é olhar para as situações recorrentes em comunidades distintas, seja na área de educação, saúde, distribuição de renda ou moradia. Como conselheira de projetos sociais, eu gosto de observar a responsabilidade que tenho em transformar os lugares onde atuo e mudar a vida das pessoas para que possam se desenvolver. A meu ver, isso está relacionado ao sucesso do ser humano.

Quando pensamos no desenvolvimento da sociedade, na inclusão, na geração de renda e na qualidade de vida, estamos criando negócios sociais e tornando-nos agentes de mudança. Identificar e solucionar problemas sociais exigem uma pessoa comprometida com uma visão e determinação de persistir.

Para mim, contribuição tem a ver com sair da zona de conforto e ampliar horizontes para enxergar o outro e a situação na qual você não está inserido. Também acredito na energia gerada quando criamos uma corrente de generosidade e quando inspiramos outras pessoas a serem generosas. Tem a ver com transformar a energia gerada e criar uma outra sintonia, para que possamos entrar em um nível espiritual mais elevado.

A lei da abundância e da prosperidade está intimamente ligada à contribuição, já que criamos uma corrente na qual o dinheiro passa a servir a um novo propósito. Eu acredito que criamos abundância a partir do momento que contribuímos para o bem-estar do outro e, na vida, deveríamos usar o dinheiro para nossa felicidade e de todos à nossa volta, compreendendo que todas as ações devem estar comprometidas com o bem-estar geral.

O empresário Robinson Shiba, que começou o China in Box do zero e hoje é um dos maiores especialistas em franquias do Brasil, diz em seu livro *Sonhos in Box*, publicado pela editora Buzz, que a filosofia que norteia a sua vida é a do Ubuntu. Ubuntu é uma palavra que diz "somos todos porque somos um" e surgiu em uma tribo africana a partir de uma experiência com crianças. Um profissional deixou algumas balas para que as crianças competissem entre si e pudessem chegar até elas. Ele ficou surpreso quando as crianças da tribo deram as mãos e foram juntas até as balas, dizendo que só ficariam felizes se todas compartilhassem das balas e não apenas uma.

Estar conectado a essa energia nos faz perceber que dinheiro vem para circular e que quando compartilhamos, todos podem ter acesso a ele. Não adianta vivermos para acumular.

Também acredito que o dinheiro está ligado à gratidão, uma das grandes forças do Universo e com a qual criamos mais prosperidade em nossas vidas. Ao contrário, a ingratidão corta nossa ligação com a prosperidade, e nos faz perder tudo o que temos. Então remunere bem seus empregados, os serviços que usa. A mesquinharia gera escassez.

Contribuir tem a ver com caridade e essa é uma forma de distribuir as suas bênçãos, mesmo que elas não sejam financeiras. Distribua seu tempo, sua alegria, seu apoio, de forma desinteressada.

Você pode contribuir para que a vida seja dinâmica, próspera, e você merece a riqueza e a felicidade. Contribua com o máximo de pessoas que puder ao longo da sua vida e crie essa corrente do bem. Somos todos unidos por uma teia invisível e precisamos estar atentos uns aos outros.

Para ser generoso, para partilhar, você não precisa de muita coisa. Você só precisa partilhar qualquer coisa que tenha. Você pode não ter muito – essa não é a questão. Quem tem muito? Quem pode alguma vez ter o bastante? Nunca é muito, nunca é o bastante. Você pode não ser absolutamente nada, mas ainda assim pode ser generoso.

Você não pode sorrir quando um estranho passa? Você pode sorrir, pode dividir seu ser com o estranho, e então será generoso. Você não pode cantar quando alguém está triste? Você pode ser generoso – os sorrisos nada custam. Mas você ficou tão miserável que, mesmo antes de sorrir, pensa três vezes: "Sorrir ou não sorrir? Cantar ou não cantar? Dançar ou não dançar – aliás, ser ou não ser?".

Partilhe seu ser, se você não tiver nada; essa é a maior riqueza – todos nascem com ela. Partilhe seu ser! Estenda sua mão, dirija-se ao outro com amor no coração. Não considere ninguém como um estranho. Ninguém o é; ou todos são. Se você partilha, ninguém é; se não partilha, todos são.

# GRATIDÃO

Quando pensei em escrever um livro, a primeira palavra que me veio à mente foi "gratidão". Eu escreveria um livro todo a respeito de como esse sentimento transformou minha vida. Sabia que era importante falar do tema, mas percebi o quanto era necessário falar de outros assuntos no mesmo livro, já que as pessoas estão tão carentes de conteúdos transformadores.

Muita gente me dizia que eu deveria escrever sobre "como me aproximar de bilionários", ou dar dicas de como fazer dinheiro. A verdade é que eu não estou interessada em dizer a você como fazer isso, porque não acredito que seja o dinheiro que traga a felicidade.

As pessoas estão numa corrida tão desesperada pelo pódio e pelo sucesso, acreditando que sucesso seja sinônimo de uma conta bancária milionária, que estão esquecendo-se de construir uma jornada, um legado, estão deixando valores de lado.

Quando me sentei para escrever este livro, deixei que a intuição me guiasse e percebi que, durante o processo de criação, eu me tornava ainda mais grata. Sentia que a minha mensagem iria se expandir e que poderia contribuir com a transformação de milhares de pessoas. Coincidência ou não, durante o processo de gestação do livro, eu gestava outra vida dentro de mim, o que tornava esse período ainda mais mágico.

Na infância, olhamos a vida com entusiasmo e admiração, percebemos tudo como mágico e damos significado às pequenas coisas. É nessa época que os sonhos ganham forma e cor e se tornam realidade porque vivemos como se as estrelas estivessem ao nosso alcance.

A sensação que eu tenho é de que muitos de nós perderam essa conexão com o passar do tempo, perdendo a alegria de renascer a cada dia, de observar o milagre da vida e de preencher os dias com abundância. Vamos desiludindo-nos e perdendo aquela força que nasce com a gente. Damos força para outros fatores, como as dificuldades, os problemas, e, de repente, eles tomam conta da nossa vida e ficam gigantes em relação às dádivas que parecem tão pequenas.

Mas como eu cheguei à gratidão? Comecei a ler sobre programação neurolinguística ainda cedo e, quando li o livro *O poder sem limites*, de Tony Robbins, fiquei fascinada com a energia com a qual ele construía sua vida. Nessa época eu reli o livro *O alquimista*, do Paulo Coelho, que também falava de tesouro interior, e percebi que existia uma conexão entre os discursos.

Ambos falavam sobre essa chama sagrada que vive dentro de nós. Os dois pareciam conhecer os segredos de se manter a energia em alta, e, aparentemente, isso estava relacionado ao fato de agradecerem pelo que tinham. Percebi um padrão na vida das pessoas que tinham uma vida cheia de entusiasmo: elas eram gratas. Sempre repetiam sobre como adoravam seus trabalhos, suas famílias, e enumeravam as bênçãos e milagres em suas vidas com certa frequência.

Pesquisando sobre o princípio que guiava a gratidão, entendi que era o mesmo princípio que levava um metal a ser atraído por um ímã. A gratidão tinha a qualidade de ser magnética e quanto mais as pessoas tinham-na, mais eram capazes de atrair aquilo que desejavam.

As mais conhecidas religiões do mundo, como o judaísmo, o cristianismo, o islamismo e o hinduísmo, giravam em torno da gratidão e a Física Quântica reconhecia seu poder. Eu havia conhecido dezenas de pessoas em situações difíceis que tinham mudado suas vidas através da gratidão, histórias de milagres que aconteciam quando parecia não haver mais esperança e pessoas mudando seus status de vida através dela.

Então, entendi que muitos dos sábios do mundo sempre se valeram dela porque é a mais alta expressão do amor. Eles sempre souberam que, quando se sentem gratos, estão vivendo de acordo com a lei. Não é à toa que Jesus agradecia antes de fazer milagres.

Toda vez que agradecemos, irradiamos amor, que é a mais alta frequência que podemos emitir. Quando irradiamos amor, recebemos de volta e sempre que agradecemos por algo, estamos celebrando um acontecimento. A gratidão é a grande multiplicadora porque quando somos gratos pelas pequenas coisas, recebemos mais delas. Se somos gratos pelo dinheiro, recebemos mais dinheiro, se somos gratos pelos relacionamentos, eles melhoram. O Mestre Eckhart, filósofo e teólogo, diz que se a única prece que disséssemos durante toda a vida fosse "obrigado", já seria suficiente.

A gratidão começa com um simples "obrigado", mas temos que nos sentir gratos com todo o coração. Se não somos gratos pelo que recebemos, não irradiamos amor e não mudamos as circunstâncias atuais. Quando agradecemos, continuamos a receber e multiplicamos tudo o que temos.

A gratidão nos traz o que desejamos e deveríamos nos sentir gratos pelo que desejamos na vida, como se já tivéssemos recebido. Assim que me dei conta da magia da gratidão, comecei a fazer telas mentais poderosas. Tony afirma que deveríamos descrever o dia perfeito em nossas vidas, e foi o que comecei a fazer. Esperar sempre o melhor do meu dia. Era incrível a energia que sentia simplesmente em escrever sobre aquele dia.

Se você nunca fez, sugiro começar a fazer: como seria um dia de 24 horas perfeito em sua vida? Como seria o mês perfeito? O ano perfeito?

Eu já fazia esse exercício mentalmente, só que aí comecei a fazer por escrito. Peguei uma agenda de papel de 2 anos atrás. Comecei a fazer todos os dias uma lista das dez coisas pelas quais era grata. Até então, eu nunca tinha feito lista de gratidão na vida. Eu fazia de manhã antes de levantar e já me conectava com essa energia poderosa.

Comecei a divulgar isso nas minhas redes e as pessoas perguntavam: "Onde compro essa agenda?". Aí tive a ideia de criar uma agenda que sabia que iria multiplicar essa força e imprimi um caderno da gratidão para vender. Foi um verdadeiro sucesso.

Todos os dias, eu recebo mensagens de pessoas que mudaram sua vida por causa da agenda da gratidão, e eu, que acredito na intenção das coisas, sei que a energia da gratidão muda absolutamente tudo.

Essas pessoas compraram carros, encontraram o amor de suas vidas, mudaram relacionamentos e emanam uma energia transformadora. Eu tenho a absoluta certeza de que quando colocamos a lista da gratidão em prática, não importa a situação em que estejamos, criamos uma aura de amor que elimina a negatividade.

A gratidão tira as pessoas do limbo e as leva para a felicidade porque é impossível se sentir triste quando nos sentimos gratos. Se você estiver em uma situação difícil, procure algo pelo qual se sente grato e verá sua perspectiva mudar. A gratidão transforma porque é a ponte entre os sentimentos negativos e o controle da força do amor. É um antídoto para a tristeza.

Hoje eu tenho plena certeza de que essa é a única prática que o ajuda a conectar-se a uma energia superior. Portanto, ao fazermos diariamente a lista de onde queremos chegar, focamos no que temos e não no que nos falta.

Em 2018, a YouTuber Jout Jout fez um vídeo que foi o maior sucesso do seu canal, chamado "A falta que a falta faz". Ele teve quase cinco milhões de visualizações. No vídeo, ela mostrava um livro infantil chamado *A parte que falta*, do autor Shel Silverstein, e por que o vídeo teve um número tão grande de visualizações? Porque as pessoas se identificaram com um tema universal. Vivemos em uma época de muitos excessos, mas a falta continua. Conectamo-nos sempre com o que está faltando e não com o que temos. Em muitos momentos da vida, sentimos falta de alguma coisa e nos sentimos incompletos. E ficamos a vida toda tentando preencher esse buraco, sem que possamos nos dar conta de que já somos completos e temos tudo de que precisamos.

Por isso acredito que ser grato nos conecta a um lugar mágico, que é aonde queremos chegar. As pessoas focam muito no que não têm e, dessa forma, está nascendo uma geração de pessoas insatisfeitas.

Encontramos bastante gente reclamando da vida em vez de celebrar e festejar a existência de uma equação bonita que faz com que estejamos aqui neste momento, vivos.

As mulheres geralmente seguem aquelas com o corpo perfeito nas redes e ficam deprimidas porque não conseguem atingir o que chamam de peso ideal. Outro dia, vi uma influenciadora digital chamada Mirian Bottan mostrando seu corpo, do jeito que ele é, e contando como é feliz com ele.

É desta influência que precisamos: dos influenciadores que nos conduzem para um caminho de satisfação pessoal, não de eterna perseguição por um modelo que não conseguimos alcançar.

Se você viu um milhão de pessoas e vidas perfeitas em sua timeline e está pensando em como você e sua vida são sem graça, não se esqueça que essa mesma timeline é a terra da perfeição, mas também é a terra do ângulo e do Photoshop. Não precisamos medir nosso valor pela régua dos outros.

Mirian diz que "se as pessoas que você segue estão fazendo você se sentir a mosca do cocô do cavalo do bandido, faça um detox. Nenhuma celebridade ou musa de Instagram merece mais atenção que a sua saúde mental!".

O caderno da gratidão faz você naturalmente olhar para as coisas pelas quais é grato. A cobrança que as mulheres, em especial, fazem consigo mesmas é absurda.

Quando estamos insatisfeitos com nosso corpo, e começamos a olhar com inveja para os outros, colocamo-nos como menos importantes. Precisamos ambicionar ser mais, e ao mesmo tempo valorizar o que já temos.

É claro que ser grato é uma coisa e ser acomodado é outra bem diferente. Ser grato e não ir à luta pelos seus objetivos, esperando que eles caiam do céu, é uma armadilha. Abra os olhos, agradeça e perceba o fluxo da vida abrindo-se porque a gratidão nos coloca em outra sintonia e sentimos que somos privilegiados.

A vida é um presente. A saúde é um presente. Tem muita coisa que 99,9% das pessoas têm e normalmente não valorizam. Você tem um lugar para dormir, saúde, e só quando perde é que dá o devido valor.

Um dos homens que mais admiro na vida chama-se Rodrigo Mendes. Eu o conheci quando fiz uma viagem para Austin, no Texas. Estava com minhas irmãs e fiquei admirada quando conheci a sua história. Ele era apaixonado por esportes, jogava bola desde criança e quando estava no cursinho pré-vestibular, tomou um tiro em um assalto que o deixou tetraplégico. Foi obrigado a abandonar os estudos e fazer todos os tipos de fisioterapia, e se sentia grato pela vida e pela oportunidade de estar vivo, mesmo sem os movimentos do pescoço para baixo.

Como viu que pessoas como ele não tinham como pagar os tratamentos, começou a pesquisar a situação e constatou que, de acordo com a Organização Mundial da Saúde, 15% da população do planeta tem alguma deficiência. Isso representava mais de um bilhão de pessoas no mundo. Foi daí que teve a ideia de fundar um instituto que tinha a função de colaborar para que cada criança tivesse a chance de ter acesso aos tratamentos que ele tinha.

O Rodrigo dedica a vida dele para garantir que toda pessoa com deficiência tenha acesso à educação de qualidade na escola comum. É professor e pesquisador sobre educação inclusiva, membro da rede de empreendedores sociais Ashoka e é grato pelo que aconteceu com ele, pois teve a oportunidade de ter um propósito como esse. Hoje faço parte do Conselho do Rodrigo, que é considerado uma das cem personalidades mais influentes do Brasil.

Sempre penso nele como exemplo de gratidão, principalmente porque uma coisa é ter gratidão quando se tem saúde, outra é tirar de letra como ele tira, fazendo o que faz. Ele poderia estar chorando em casa, mas usa a sua força para ajudar milhares de pessoas e tem uma luz e um nível de gratidão muito potentes.

Ele é um cara que me inspira demais por causa de sua postura diante da vida. Quando estou em um momento difícil penso nele, quando levo um não, quando algo dá errado. E vejo como reclamamos por tão pouco.

Depois de assistir à palestra do Rodrigo, também tive acesso a outras pessoas que tinham histórias de vida inspiradoras e usavam a gratidão para espalhar inspiração. Uma moça que traz um exemplo bonito chama-se Paola Antonini. Ela teve uma perna amputada depois de ter o corpo prensado por um carro em um acidente no qual foi atropelada. Ela fez uma palestra que se chama "A forma como você encara um momento pode mudar tudo".

Paola conta que, depois de ter a perna amputada, não sabia como era uma prótese, não sabia como ia ficar, como ia ser tudo, mas resolveu não sofrer por antecipação. Ela diz que só conseguia agradecer pelo fato de estar viva e não queria pensar no dia seguinte. Mesmo com tantas incertezas, ela tinha uma certeza: " Isso não é nada diante da minha vida. O que é perder uma perna, diante de tudo que tenho? Tenho tudo o que amo. Podia ter ido embora sem me despedir de ninguém".

Sua recuperação não foi fácil porque tomou um susto, sentia dores fantasmas, mas Paola queria muito caminhar de novo e, aos 20 anos, reaprendeu a fazer coisas que jamais tinha pensado a respeito, como andar, como movimentar-se. E ela agradecia por estar vendo como essas coisas são incríveis. Até os 20 anos achava tudo isso muito pequeno.

Ela e o Rodrigo tiveram que passar por uma superação física, mas podemos valorizar a vida, a saúde e tudo que temos mesmo sem ter passado por nenhum desafio como esse.

Precisamos alimentar a nossa alma e nosso espírito com as coisas que a gente consome, precisamos agradecer e mudar a frequência de energia que emitimos. Parar de ver tragédia, reclamar da vida, da escassez. Como vamos focar no positivo se estamos tão conectados com o que existe de ruim?

Eu prefiro me conectar à gratidão porque ela me cerca de coisas boas. Não importa quem você seja, onde esteja, mas a magia da gratidão muda nossa vida.

A apresentadora Oprah Winfrey diz que começou a se sentir grata pelas pequenas coisas e que quanto mais gratidão sentia, maior se tornava sua riqueza. "Isso acontece porque aquilo em que você se concentra se expande; portanto, quando você se concentra no que há de bom em sua vida, você cria mais do mesmo. Uma enxurrada de oportunidades, relacionamentos e até mesmo dinheiro veio na minha direção quando aprendi a ser grata por tudo que acontecia na minha vida", ela diz.

Hoje eu pratico a gratidão todos os dias, olho para a Patricia que não fazia isso e não entendo por que não tinha me conectado com essa energia antes. Se deixamos que a vida nos sufoque, com o passar do tempo, vamos perdendo o que há de mais sagrado dentro de nós. O tal tesouro escondido de que *O alquimista* fala, o tal "poder interior" que o Tony Robbins nos ensina a descobrir. Quando entendemos que o Universo está dentro de nós, nosso coração e mente ficam completamente abertos para a magia da gratidão. A gratidão cura, abre portas e tem um poder mágico. Como diz o Alcorão, "ser grato ou ingrato é uma escolha sua". Então, que tal levar contigo essa fórmula de sucesso? Que tal quando a vida lhe apresentar uma situação desafiadora sobre a qual você aparentemente não tem controle, agradecer conscientemente pelo que há de bom em sua vida?

Se me acompanhou até aqui, obrigada. Que sua vida seja mágica. Agradeça. Sempre.

# Posfácio

Eu já tinha fechado o livro quando aconteceu algo que não poderia deixar de compartilhar com vocês.

Era uma quinta-feira que seria comum, se não fosse pelo fato de que eu conheceria o ex-presidente dos Estados Unidos, Barack Obama, sendo uma das responsáveis por apresentar a ele o jogador de futebol mais famoso do mundo, nosso querido Pelé.

Tudo começou com uma lista. Eu sempre tive uma lista das cinco pessoas com as quais sempre quis me conectar. Obama estava entre esses nomes.

Dois anos antes, eu queria trazer o ex-presidente ao Brasil, junto com um amigo. Tínhamos dois meses para captar o patrocínio, que era bem alto, já que o cachê do Obama é extremamente caro e havia também o custo extra com o deslocamento dele, da equipe e de todo esquema de segurança envolvido.

Infelizmente, naquela ocasião, não consegui captar tudo de que precisava e tivemos que adiar o evento. Fiquei triste e decidi postergar aquele sonho.

Surgiu a segunda oportunidade, eu poderia ir para a Índia e conhecê-lo, onde talvez me concedesse uma entrevista. Na época, estava grávida de quase sete meses e decidi não ir pelo meu momento de vida: mais uma vez, a bola bateu na trave.

Então surgiu a terceira chance. Eu fui convidada para palestrar no mesmo evento que Obama e pensei: "Agora vai dar certo". Mas naquele evento também não foi possível, porque ele tem um superesquema de segurança (com total razão) e é praticamente impossível chegar perto dele; logo fui informada de que só os patrocinadores poderiam aproximar-se e que provavelmente não daria para todos os palestrantes falarem com Obama.

Ao mesmo tempo, eu sabia do meu lema: "Oportunidade não surge, a gente CRIA". Então, criei uma oportunidade. Decidi que faria a ponte do Obama com o Pelé. E assim um amigo me ajudou a levar o ex-jogador para conhecer o ex-presidente. Consegui fechar aquele encontro com chave de ouro e estar frente a frente com um dos poucos políticos que admiro.

O Obama, para mim, é a referência de um homem com virtudes e valores. Tornou-se o primeiro presidente negro dos EUA, e foi durante 8 anos o homem mais poderoso do mundo. Estar entre ele e o Pelé, um ícone mundial, foi uma conquista épica para mim, profissional e pessoalmente.

Compartilhar um feito como esse, no final deste livro, foi essencial para dizer que não importa o desafio que você tenha e quantos "nãos" tenha levado; não existe desafio para quem sonha, para quem quer algo, para quem quer chegar aonde é impossível estar.

Como dizia Walt Disney, "eu gosto do impossível, porque lá a concorrência é menor".

É assim que vivo a vida hoje.

E espero que você também viva.

# Agradecimentos

Este livro foi resultado de muito trabalho e não seria possível escrevê-lo sem ter ao meu lado pessoas tão importantes.

Agradeço ao meu irmão George, que me ensinou desde que nasci que a verdadeira conexão é feita com o coração;

À minha mãe Lea, por ser um exemplo de amor incondicional, positividade e generosidade;

Ao meu pai Fernando, por ser exemplo de determinação, foco e inteligência;

Às minhas irmãs Amanda e Isabela, por sempre estarem ao meu lado;

Ao meu marido Thomas, que é minha alma gêmea e está comigo em todos os meus sonhos;

E, finalmente, agradeço ao meu "pacotinho de amor eterno", minha filha Maria Alice, por me fazer viver a experiência mais mágica da minha vida e me mostrar diariamente o verdadeiro significado do amor e da gratidão.

Amo vocês!

FONTES  Lyon Text
PAPEL  Alta Alvura 90 g/m²
IMPRESSÃO  RR Donnelley